AGEING UPWARDS

A MINDFULNESS-BASED FRAMEWORK FOR THE LONGEVITY REVOLUTION

正念老化

擺脫年齡焦慮，提早開始練習！
透過覺察適應，愈老愈快樂

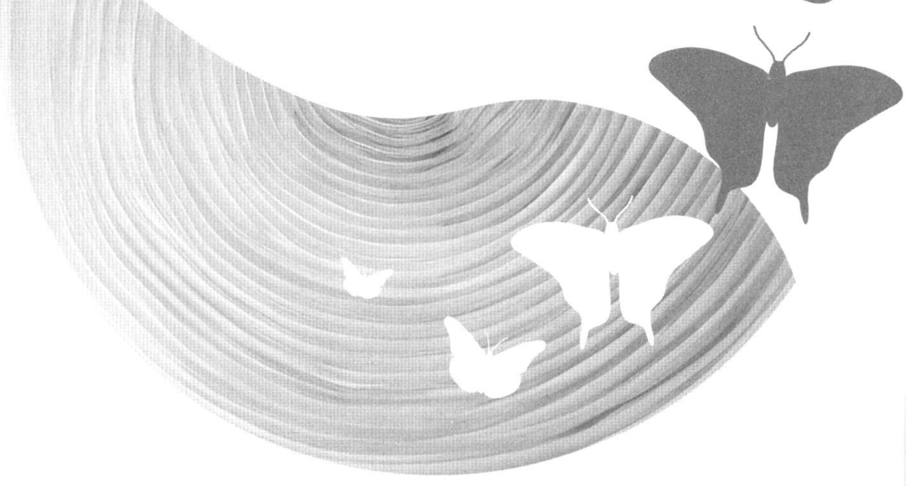

貝莉特·路易斯 BERIT LEWIS——著　王敏雯——譯

各界好評

近年來，為了解決高齡社會的問題，全球各地皆運用了以「全民健康老化」為本的概念，擬定主要策略。遺憾的是，只有少數人能達到健康老化的目標，因為大多數老年人會在某個時間點上出現功能性退化或罹患某種疾病。因此，鼓舞現今的老年人設法立定志向，實現合適的目標，以因應老化帶來的挑戰，比較實際。這也是貝莉特．路易斯撰寫本書的主旨。她讓大家看到了採取基於正念原則的方法，便可以積極擁抱變老的事實。

——**法蘭克．沙維奇**（Frank Schalkwijk）

萊頓生命力與老化學院老年學家

長壽革命是這個時代最重要的革命，而本書便是這場革命的概略方針。現今，人們的壽命變長，更需要學會好好度過人生的後半場，可能是第三甚至第四個階段，以繼續擁有豐沛快樂的人生。貝莉特在本書中介紹了以正念為基礎的方法，涵蓋可以輕鬆採用的資訊、概念、結構與實際做法，讓我們能夠用負責任和有所選擇的心態，積極擁抱變老的現實。

但你不該等到開始思考「老化」這件事時，才拿起本書來閱讀，因為這是人到中年（甚至更早）必讀的手冊。身為領導力教練，我看到目前世界的複雜與不確定性，對於領袖及其員工持續造成壓力，進而影響他們的需求、壓力及工作績效。

了解自己、有自覺地培養強項、設立目標與志向、實踐自身的價值觀、以符合價值觀的方式領導、用新的眼光看待消極思想、具備成長的思維等等，這些標誌是深具同情心的領導力和蓬勃發展的組織之共通精神。本書認為，以正念為基礎的生活和老化過程，是圍繞著上述面向而展開。對於每一位領袖或主管、專業人士、亟欲帶動連結和參與的人士、想創造正向工作環境的人而言，本書是必備的良伴。

這本優質手冊是根據深入研究、實例、故事和實際做法（還可讓讀者取得正念音檔）而寫成。我會反覆翻閱這本書，以便支持每一位來上領導力課程的學員，並且幫助自己接納老化，讓我們都能用新的觀點看待老化，擁抱老化。

——**領導力教練潔奇・范普拉絲**（Jacqui Fairbrass）

特拉法加個人發展公司（Trafalgar Personal Development Ltd.）創辦人

這本書讓我看得欲罷不能。貝莉特清晰迷人的敘事語調，讓本書更加易懂。她提出的忠告看似簡單，甚至可以說太過淺顯，但奇怪的是，我從來沒有想到過。這是一次引人入勝的閱讀經驗。我很喜歡書中提到的故事和摘要（相當於地圖上的里程碑）。藉由重述變老的必然性，培養出「這趟旅程是有選擇性的」之覺知，使人感到強大、舒坦、活力充沛。去年，我滿五十歲了，所以這本書並不只是呼喚並鼓勵我，而是振聾發聵。

——**安文・艾德華茲**（Anwen Edwards）
北大西洋公約組織通訊新聞署資深人力資源業務夥伴

貝莉特，謝謝你讓我先讀為快，成為這本書的首批讀者。將負面想法（ANTs）轉化成正向提升的想法（PETs），亦即將螞蟻變成寵物，是非常寶貴的祕訣，讀來讓人心情愉快。我們應該全心接受變老的現實，而不是一味抱怨，同時也要積極教導我們的心智重新看待及建構各種情況，讓我們從中變得睿智，而不是被現況拖累。本書提供的實用工具，將幫助讀者更快樂地度過人生。

貝莉特身兼多職：正念教練、母親、探險家，同時也是學生。她為世俗佛教的傳統教義提出了詮釋，並且跟現今世界的挑戰與學術見解加以結合，寫成了這本書。本書易讀易懂，列舉了經過驗證的科學成果，將其轉化為大家都可以依循的步驟。我衷心推薦本書給每一位想打造成功人生的讀者。不管你的生理年齡是幾歲，只要你已經成熟，有興趣探究生命的意義，都會喜愛這本書。

就社會層面而言，我認為我在醫療照護體系的同事都該讀這本書。我們的醫療照護體系始終解決不了疾病的問題，正是因為醫療專業人員未能幫助一般人培養因應老年的技巧；有了這些技巧，許多疾病從一開始就不會發生。這本書可以視為醫療照護介入措施的補充。

——**茱莉亞・海茲特**（Julia Heidstra）

企管碩士，Amstelland Zorg 資訊長

如果你希望自己直到年老都保持心智敏銳，本書不可不讀。貝莉特以其豐富的（正念）經驗與新近的相關研究，為讀者指出一條鍛鍊心理韌性的路徑，其間充滿了智慧和體諒。除了營養與體能活動以外，保持心智敏銳也是老化曲線向上的基礎，有助於減輕醫療負擔。

——**布蘭達・巧達斯**（Brenda Childers）

阿姆斯特丹金融研究院前任執行長，

目前在萊頓大學醫學中心研究老年人的運動習慣

鮮少人知道人類歷史上最巨大的變革正在進行。貝莉特・路易斯藉由這本書帶你認識這場變革，引領你面對日後各種令人驚歎的機遇。高齡化的現實，大幅改寫了現代人的人生地圖，每個人都多了一個新的人生階段，要活得健康、活躍、適切，甚至還要能發揮功用。貝莉特透過本書提供讀者所需的覺察、心態及實際做法，幫助大家重新設想新願景，勾勒人生地圖，讓餘生成為你最美好的年月。

——**保羅・隆恩**（Paul Long）
新前進之路（New Way Forward）網站創辦人

我喜愛這本書的原因，在於它是一帖解藥，適合這個時代的人（尤其是女性）在飽經資訊疲勞轟炸之餘服用，不再害怕變老。我也很喜愛書中關於正念的實用心法。貝莉特，你做得很棒，這本書發人深省，為大家指出一條可資依循的道路。

——**凱瑟琳・加羅德**（Catherine Garrod）
著有《有意識地包容》（*Conscious Inclusion*）

我的退休年齡將屆，也很想盡量把握剩下的歲月，因此我抱著希望讀完這本書，讀得興致勃勃。這本正向書籍非常實用，貝莉特針對正念的益處，提出了可信的論據。她針對相關研究進行全面導讀，證明本書提出的方法和建議可以幫助大家維持向上的老化曲線。

貝莉特善於說明無形的概念，再提出容易應用的實用策略，促使讀者採取有效的行動。書中各章的摘要總結與 eMBrACe 模式，尤其使我受益。透過活動和引導式冥想，讀者也有機會練習書中提到的技巧。我發現，讀完本書以後，我的心態更加正向。這項意想不到的好處恰恰證明了本書的威力。

——**克莉絲塔・鮑威爾・愛德華茲**（Krista Powell Edwards）

經英國人力資源協會認證（CIPD）的儲備主管，

著有《值得信賴的人力資源：隨時隨地傳達可信度的手冊》

（*Credible HR: A handbook for communicating credibility in any situation*）

一旦我們明白自身的想法和情緒既交織難分，卻又各自獨立，便可以憑意志選擇去釐清散漫的思緒，不再糾結於自身遭遇，而是留意自己想要什麼。老年是現代社會的重擔，卻也是探索正念的好理由，因為正念能讓我們達到更大的滿足。貝莉特詳細提及每一項老年所需的技能，讓讀者以更多的覺察、接納與自我疼惜，來邁向老年。

——**麥凱拉・巴特爾斯**（Micaela Bartels）

荷蘭「贊成老運動」PR:OUD的發起人

目次

PART 3 擁抱它！

序言

「接受變老這件鳥事！」

一位丹麥國防部的同事在我三十歲生日時，笑著對我說這句話。士兵在面對令人膽寒的戰爭慘況時，通常會說：「接受某件鳥事。」這句話是用來正視各種令人不快或不舒服的情況。

當時，那位同事大約六十四、五歲，即將退休，身體上也出現不少問題。他這麼說是有道理的。對他來說，「老年」代表了要面對痛苦、失去和死亡，就跟他上戰場打仗一樣。

我還年輕，面對全然不同的人生風景：我強壯健康，變老是別人的事。我若覺得累，那是因為兩個年幼的孩子半夜吵醒我。我不明白為什麼變老很討厭。我覺得未來光明燦爛，值得期待。但這句話打動了我。

雖然你可能不用去打仗，人變老之後還是有很多討厭的事。只要活著，就注定要忍受痛苦和折磨，有時我們甚至喜歡自找罪受。

有些人愛看驚悚的「北歐黑色」（Scandi noir）寫實犯罪系列影片。我兒子玩虛擬實境遊戲時，在裡面被死去的喪屍攻擊。運動正是常見的自找罪受，但衛生當局還鼓勵大家要多運動。我們努力攻讀大學學位，或者接下壓力極大的工作，可能要花上不少時間進修，或是耗體力的苦差事。

我們也可能決定生兒育女，而那是無休無止的難受經驗：在夜裡照顧幼兒非常辛苦，但孩子長大一些後，開始學會討價還價，從就寢時間到刷牙、洗澡這種基本衛生習慣都不肯就範，實在沒完沒了。

我以前常想，人為什麼會被引誘去做這種不舒服的事？軍人為什麼選擇一份要全心接受戰爭殘酷的職業？我想到了一個答案：若人生只有享樂和愉悅，生命就會變得空洞，一點意義也沒有。舉例來說，生孩子是我這一生最刻骨銘心的事，卻也是我最痛苦的經歷。若我不曾選擇痛苦，就不會有現在的人生了。

當然，這不是說每個人一早醒來就會刻意問自己：「我今天要怎麼讓自己受苦？」但大家都承認，若要有收穫，就免不了得嚐些苦頭。

我們玩遊戲的出發點是為了贏，但假如我們知道自己每次都會贏，玩起來就沒趣味了。若真是這樣，我們既不必克服挑戰，也不會獲得獎賞。同樣的道理，人生就是有失敗的可能性，否則人生會變得索然無味。我們都想要改善現狀，發揮影響力，或是幫助他人。

這一切的矛盾之處在於，儘管我們深知難以避免艱辛困難，而且人生的意義、目的和快樂都源自於克服困難，卻仍舊難以接受困難原本就是生命的一部分。

在我的五十歲生日日益逼近時，我決定要來研究一下這個二十年前的邀請，敞開心胸接受「變老」這件鳥事。身為正念老師，以及鑽研老化與生命力的研究生，我覺得，不必盲從社會上對抗老化的風氣，而是鼓勵人們擁抱老化，相當有意思。

根據《柯林斯字典》（*Collins dictionary*）的說法，「embrace」表示「你擁抱一項改變、政治體系或想法，表示你接受它，並且開始支持它，對它深信不疑」。同時，「embrace」也意謂著「緊緊抱住某人或某物，通常是爲了表示你對這個對象的愛或感情」[1]這感覺起來是相當平和且用心的方式，適合用來面對人生的最後階段。

我也想知道，老化是否像許多人所說的那麼糟糕。「變老」真的很討厭嗎？最後，我想知道一個人可以在現實生活中做些什麼，才能坦然接納衰老。我逐一探究這些問題，並寫成了這本書。

前言：為自己的人生和老化負責

我撰寫本書的出發點，是想要探究每個人可以採取什麼行動，來為自身的生活和老化過程負起責任，以因應長壽為社會帶來的挑戰。

劇烈深刻的變動正在全世界展開，改變了身為人的意義。現今，人們平均壽命比祖父母多出六年，[2]二〇五〇年以後出生的人可望活到一百歲。[3]多棒的禮物啊！我們該怎麼運用多出來的人生才好呢？

另一方面，高齡化人口也是公認的一大挑戰。大家都在擔心一個問題：現今勞動年齡的人口比例，以驚人的速度下降，我們要怎麼維持醫療保健和福利制度？二〇二一年全球扶養比是五十六％，但預估到二一〇〇年前將上升至八十二·六%。[4]「整個體系」：包括政界、雇主、醫療照護產業和保險公司，無不爭相尋找新方法，來面對這個新世界。但說到底，真正永續的改變一定是源自每個人的內心，亦即整個體系的一部分。

儘管現代人必須換一種方式來組織社會，以便因應長壽革命帶來的轉變，但這場革命也催化出新的思維與心態，促使我們用更好的方式過生活——不光是晚年，而是整個人生。

我練習正念已經十多年，也開設了正念課程，主要是「以正念為基礎的生命力與老化課程」（Mindfulness-Based Vitality and Ageing，原文簡稱為MBVA，以下簡稱「正念生命力與老化課程」），為期八週，並且針對正念課程的學員進行質性研究，探究正念對人們所產生的效果。上述課程和研究，是我與萊頓大學醫學中心，以及位於荷蘭的萊頓生命力與老化學院（Leyden Academy on Vitality and Ageing）合作的成果。這些經驗啟發我著手寫作，才有了這本書。

本書教會我一個道理：一旦我們開始練習正念，便會獲得某些核心的特質及技巧，能幫助我們充分運用人生，不浪費老後的時光。這些技巧非常重要，畢竟每個人到頭來都得為自身的幸福負責。雖然說我們無法為自身的遭遇負責，卻必須為自身的回應方式負全責。

比方說，我們不能坐視老年人遭受歧視而不予理會，等待歧視自動消失。當然，我們必須努力終結這種現象，但現在仍然得在這個受到歧視不公所支配的世界裡前進。要做到這一點，你最好對於刻板觀念和那一套說法有所覺察，以避免將之內化，也就不會受限於那些關於五十五歲或九十五歲該是什麼樣子的陳腐成見。

同樣地，我們不能坐等各種療法出現，來醫治因老化產生的衰退或疾病，而是應該學會用正念方式回應自身所處的情況，適時調整生活方式。愈早培養這種生活方式和所需的技巧愈好，這樣一來，你才能夠應付長壽革命所帶來的挑戰和機會，並將之推廣，使整個社會也能充分因應長壽革命所帶來的挑戰。

我沒有一體適用的解決方案，無法保證大家有幸福的晚年。創造美好生活的方法有很多種。我前一陣子去禪寺靜修，想知道禪宗傳統是否能夠教會我某種道理，是正念練習所沒有的。睿智的天敬·科彭斯（Tenkei Coppens）禪師的話語給我支持，讓我放心追尋自己的路。他說：「拉小提琴有許多種方法。」每個人都應該找出適合自己的方法。不過，我相信大家都很需要「小提琴老師」，來示範各種不同的演奏方法，從旁支持我們找到屬於自己的調子。

儘管如今已經有大量關於老化的研究與文獻，但在給人啟發、洞察力與實用策略等面向，仍需要弭平差距，才能協助老年人積極適應老後生活，在難免有老化問題的情況下，仍能過著稱心滿意的生活。

我相信，正念練習對我們有幫助。正念並非規定人們應該怎麼生活；相反的，它讓人們有動力探索內心和外在生活，並且根據自身的發現，有意識地決定要怎麼妥善運用現代人才有的長壽人生。

本書從個人經驗出發，有許多我個人的反思和感想。儘管本書邀請你練習正念，卻不是教你循序漸進學習正念的自助書。說不定你讀完以後，心中的疑問比答案還要多。但我的宗旨是提醒讀者重新思考年紀和人生的意義，因此在書中說了一些故事，也援引研究成果與幾名靈性大師和老化專家的訪談。

本書介紹的架構，可視為支撐你的鷹架，能幫助你尋找自己的答案。如果你在閱讀本書之前修過正念課程，那麼你已經做好準備，本書將會給你一些新的角度與洞察力。如果你是正念新手，別擔心！我會介紹入門的基本知識，你還是能夠讀懂這本書。

我盼望本書能夠啟發更多讀者探索正念，在讀完本書後會試著練習正念。或許某些讀者參加過正念入門工作坊，我也希望這群讀者能擴大正念練習的範圍。如果你有意願，我建議你挑選一門有合格師資的課程，以獲得必要的支持，有始有終地完成課程。光是讀完這本書，不足以了解正念。人們必須同時用頭腦和身體去練習正念，感受正念的力量。

同時，希望領導者、主管和專業人士都能讀一讀這本書，因為這群人致力於吸引及培養背景多元、有歷練和豐富經歷的員工，為企業留住人才。我也盼望醫療照護專業人員讀這本書，畢竟他們的職責是幫助老年人找到方式，以繼續過著豐盈、充實、有生產力的生活。

正念2.0

過去十二年間，正念已經蔚為主流，不論是學校、職場或醫院，每個地方都在教正念。雖然說這是極大的發展，但遺憾的是，這也形成了資本主義化的縮減版正念，專為時間不夠、壓力太大的現代人規畫，也迎合西方人自我中心的態度。

有時它被稱為「麥克正念」（McMindfulness），玩文字遊戲，暗指它像是速食文化。[5]這種正念不僅很有限，也曲解了佛教關於正念的原始教義，更將介紹到西方世界、具實證基礎的世俗版正念（主要是正念減壓課程〔MBSR〕、正念認知療法〔MBCT〕）[6]弄得面目全非。

「麥克正念」容易接觸，不太需要積極參與。但遺憾的，這也引發許多誤解或片面的真相。其中一種誤解是：正念是放鬆。我常聽到一種說法：「這就是我保持正念的方式」，通常指某種讓人放鬆的活動，使他們暫且抽離日常生活，像是烹飪、彈奏音樂、園藝、玩拼圖或做運動，或只是望著窗外。

這些活動的確具有正念的特質，但我們在做這些事時，大多任憑思緒飄蕩，恰好跟正念相反。譬如說，我們做菜時可能想著當天稍早發生了什麼事，或者開始計畫隔天的晚餐。別誤會，放鬆或者做喜愛的事，對於健康和幸福感都有好處，但它們不是正念。

我將正念視為一種光譜。在這個光譜的底端，是選擇一個焦點，保持注意力並長時間專心。這麼做可以提升專注。幫助我們專心的引導式冥想，也會使人感到放鬆，難怪許多人一聽到正念就聯想到放鬆。

這麼做的確會產生一些好處。當我們專注於當下，身體和心靈會離開「做和達成目標」的忙碌模式，使我們就只是「存在」。此時，我們的自律神經系統進入平靜模式，使我們能夠休息、消化、療癒、與外界連結。副交感神經系統取代了由壓力引起的，表現出「戰／逃／僵住」反應的交感神經系統。在交感神經系統運作下，我們會注重成就和危險信號。平衡的神經系統對於人的健康來說很重要，能使我們平心靜氣做出明智的決定。因此，在白天時做幾分鐘的正念冥想，有極大助益。[7]

我們在正念的光譜上往上移時，有許多好處。當你投入愈多的心力與時間，便能得到更多的健康和幸福感。當我們向上提升，至少有兩項好處：更能夠控制注意力，維持專注，同時逐步培養對於習慣和行為模式的覺察。這些模式不光是源自人類的天性，由基因決定，也跟社會、文化教養有關。有了這種覺察，你就擁有自由，能夠以有意識的方式回應你的遭遇及處境，因為你更能夠理解情緒，懂得控制情緒，也能慢慢學會用接納與善意面對生活，包括各種不舒服和苦痛。

若你積極參與為期八週的正念減壓課程，有希望達到這種境界。但請記住，正念是一生的功課。若你經常將正念融入冥想和行動，久而久之就會變成習慣，成為新的生活方式。

我一開始練習正念冥想時，會在手機上設定鬧鐘，以便定時提醒我暫停一下，注意自己的心理活動和身體感覺。在持續練習的過程中，我培養出直覺，現在已經不需要提醒，三不五時就會自動停頓一下來觀照身心。

對於冥想經驗更豐富的人來說，正念會形成人格特質。二〇一六年，丹尼爾・高曼（Daniel Goleman）與理查・戴維森（Richard Davidson）針對現有的冥想研究進行文獻回顧，發現練習冥想的時數愈長，獲益愈大。當你累積一定時數的冥想，某些人格特質就會在某個時間點出現變化，不光是展現在行為上，也可以從大腦掃描的結果中看出來，因為大腦會顯示出生理變化。[8]

依照本書提出的架構，或許你可以走到正念光譜的中間位置，甚至更高一些。身為世俗正念老師的我，傾全力只能教你這麼多，也請你以此為目標，好讓正念真正幫助你應付老化帶來的挑戰。

我教授以實證為基礎的正念。同時，我也具備西方學術背景，在探索新領域之前，習慣先參閱經科學驗證的研究成果。正念突破了許多學術藩籬，包括生物學、醫學、心理學、生理學等等，大致上是在宗教靈性實踐和世俗的科學實證方法這兩個極端之間的某個位置。

我偏向世俗這一端。話雖如此，我在為本書做研究時，出於好奇，也稍微探究了靈性實踐。比方說，我去內觀中心（Vipassana meditation retreat），待在那裡的十天都要禁語，並且要進行密集的正念冥想。那次的經驗讓我對自身世俗派的正念教法有了新看法，也有一些獨到見解，我會針對本書的主題來分享。

我絕無意圖說服你接受某種信念，只是把它當成對自己的挑戰，從中尋找靈感，看看沿著正念光譜往上走，可以得到什麼益處。本書中也會舉出幾位經驗豐富的靈性導師，就由他們來引導對這方面有興趣的讀者進一步探索吧。

若你想要在生活中獲得洞察力，就得騰出時間與空間，暫時抽離日常生活。你要讓自己學會傾聽及感受身體的訊息，反思自身的經驗和感覺。無論你現在幾歲，我都希望本書能夠鼓舞你停下腳步，有餘裕進行內省與反思。

我認為，老化的方式並無對錯，別讓那些強調「成功」老化的書誤導你，以為別人能夠為你定義何謂成功，告訴你什麼是重要的事。重點是你自身的觀感，你在人生各階段如何做出回應及調適。不過，若你遵循本書提出的老化向上架構，會更有能力找到自己的道路。

要怎麼讀這本書

本書以導讀開頭，之後分成三個部分。第一部討論了好好變老的意義（第一章），並且介紹老化曲線向上架構（第二章）。

本書的第二及第三部詳細探究老化曲線向上架構。我在第二部介紹了正念迴路的基本概念，意即挪出時間來練習付出注意力（注意它，第三章）、標記自身經驗（標記它，第四章），繼而改善自身的覺察（了解它，第五至第七章）。「了解它」分成三章來討論：第五章主要討論培養覺察，了解個人行為背後的動機；第六章探討人們的自我，以及改變自我的能力；第七章討論如何覺察人生的目的。

第三部著重於提升專注力和自我覺察，方法是定期進行正念迴路，我也建議幾種進行正念迴路的方式（擁抱它），以應付生活和老化帶來的挑戰。第三部的標題「擁抱它！」，原文是「eMBrACe」，為小寫字母和大寫字母混合的首字母縮略字，以強調本架構第二部的關鍵詞彙。「M」代表選擇健康的心態（第八章）。「Br」表示擴大我們的眼界，以便擁抱困難（第九章）。「A」表示用關愛之心迎接挑戰（第十章）。「C」代表致力於積極適應老年生活（第十一章）。「eMBrACe」一字的開頭和結尾皆以「e」呈現，表示正念迴路連續不絕（見第二部），構成了我們擁抱生活的基礎。

從第三章至第十一章，我參考了這個領域的研究成果，也有許多經驗分享，大多是我和正念課程學員的親身體驗。我也援引了眾多專家（老化、正念和冥想領域）的寶貴意見。各章的結尾都附上該章的概述，以及引導式冥想音檔和練習上的建議，可以幫助你練習該章討論的面向。你只須將手機對準 QR code 即可存取音檔。本書最後也會完整列出引導式冥想音檔的清單，你可以上網站下載：www.ageingupwards.com。

導言：變老是弔詭的概念

告訴我，你是「年輕」還是「年老」？這是一個陷阱題，所謂的「老」是相對的概念，要看你是在跟誰比，目前處於何種情況而定。但就社會群體而言，一般人總愛將人分成兩邊。現在，我們該改變集體對於老化的說詞，放棄年老與年輕的二元論。人並非只能分成「年輕」或「年老」，我們是介乎兩者之間，取決於當下的情境。

社會大眾都認定年輕人絕對會比年長的那個人更好、更健康、更快樂，而且更成功；這是大家都默認的事實。但一味迷戀青春的結果，是讓大家以為年老比不上年輕，因而無從享受愉快的晚年。我最近剛滿五十歲，很多人跟我開年齡的玩笑，雖然他們並無惡意，卻都是在揶揄、憐憫或安慰我變老的事實，暗示我從現在起是在走下坡路，彷彿人生是一座山峰，在前面的路程要充滿熱血、勤奮努力，創造出具有價值與意義的成就；但在攻頂之後，便是悲哀無趣的下坡路。

但如果我告訴你，人生最幸福快樂的年紀其實是八十歲，你會有什麼想法？此處是指U型幸福曲線，它具體呈現了許多研究共同的發現：世界各地的人們都表示，自己年輕時很快樂，但到了五十多歲，面對令人聞之色變的中年危機，快樂指數就明顯滑落，而過了這個年歲之後，又變得益發快樂。[9]如今，五十歲的我正處於這道曲線的底部，既然統計數據顯示每慶祝一次生日，快樂指數就會上升一級，那麼我何必努力保持年輕？本書的主旨便參考了U型幸福曲線，同時駁斥著「人過半百就開始走下坡」的迷思。

「老化」是「活著」的同義詞

我曾經採訪過某位教授，討論她的研究主題：心理因素對身體症狀有何影響。由於我對老化有興趣，便問她的研究跟老年人之間的關聯是什麼。令我驚訝的是，她表示自己對於老化過程不太感興趣。她從經驗中得知，每個人應付人生境遇的能力都不一樣，差異極大，但跟年紀無關。「人的本性不會改變。」她說道。

教授的這句話說得很好。正如U型幸福曲線所示，年齡固然是決定一個人是否幸福的因素，但要考量的因素還有很多。[10]

凱西．沃德（Kathy Ward）是我的正念老師和心靈導師，有一次我表示想請她談談，正念在哪方面可以幫助人們從容變老。她說：「我不知道正念是否可以幫助你從容變老，不過，正念可以幫助你從容過生活。」

「老化」只不過是「活著」的同義詞。比方說，有時我發現自己盯著打開的冰箱，忘記自己本來要找什麼。如果我有年齡歧視，內心就會有一股聲音說這是「老年人的一刻」（a senior moment，譯註：指短暫失憶或健忘），但人腦一天要負荷六千種想法，就是會有這種現象。[11]想想看，假如「老年人的一刻」等於健忘，那麼我十六歲的兒子「老年人的一刻」要比我頻繁得多。

決定人生是否幸福的因素，不在於我們幾歲開始變得健忘或有其他問題，而在於我們用何種方式回應。這是好消息，因為這就表示我們趁年輕時開始努力學習應付人生的挑戰，好好過生活，會使我們終生受益。

與其說人生是一座要攀登的高山，我更希望人生要翻越許多山丘，沿途有山谷、彎道、環狀交叉口，以及飽覽風光的景點。或者像英國哲學家艾倫．威爾遜．瓦茨（Alan W. Watts）所說，人生不該被視為一趟旅程，因為旅程都有目的地。雖然生命的確有終點，但重點不在於抵達終點。他反而建議大家，要將人生視為一首曲子或一段舞蹈，享受音樂或舞蹈的過程要比達到目標重要得多。[12]

假如說人生是一段舞蹈，年紀增長也是。一如人生中的其他重大轉變，年紀增長就表示我們必須像跳舞一樣翩然度過每一次的轉變。不論是進入青春期或成年，年紀增長都表示我們必須拋下先前的角色，扮演新角色。這樣的轉變可能會造成自我認同危機，讓人出現情緒不穩、困惑、挫折感，甚至導致憂鬱、焦慮。這是很正常的現象。

三十多歲時，我丈夫在荷蘭找到工作，使我陷入自我認同的危機。一開始，我覺得這是很棒的冒險：我來到另一個國家，在全然不同的環境中生活，認識有趣的新朋友，了解不同的文化，而且有時間陪伴年幼的子女。但蜜月期過後，我發現自己很難認同這個新角色：身兼家庭主婦和母親。

我明白，在我離開哥本哈根，辭去溝通顧問一職時，便失去了一個很重要的身分。轉型絕非易事，而且令人難受，但我們總是會以新身分出現。我們未必過得更好或更糟，但一定會在某方面出現改變。

我相信，實現正向轉型的關鍵，在於抱著好奇心迎向挑戰，並且承認生命無常，而非一味抗拒。以我來說，我決定回大學去讀心理學，最終引領我學習正念。我原本可能將注意力放在新生活中缺少哪些東西，但我沒有，反而做出不同的選擇：聚焦於真正重要的事，其中之一是持續學習。

我翩然度過了三十歲時期的轉型。那是一種舞蹈，如今我發現自己正隨著另一種舞蹈的節奏——中年過渡期——悠然起舞。我相信，老化將是極具挑戰性的舞蹈；但我深信，我寶貴的舞蹈經驗對我有益。

有時，我會聽到人們說，年齡只是一個數字。但我不同意這種說法。年齡對我來說是重要的數字，深深影響了我的言行舉止，也影響我對自己的看法。但我這個人遠非年齡能夠概括。若要翩然舞過人生的各個階段，就得找到平衡：一方面承認自己的年紀，但另一方面拒絕讓年紀定義我們這個人。在生命歷程中，我們要隨時提醒自己，重要的是舞蹈本身，而非終點。

我不年輕也不老：我現在在這裡

現在，請你想像自己站在一道線性的時間軸上，你的過往在左邊，未來在右邊。我知道有些人將時間想像成由後往前，而不是從左到右，但概念是一樣的。

我猜想，你大概是處於時間軸的中間，或者稍微過半的位置上。如果你跟大多數人一樣，就會花很多心力抗拒變老的自己，希望朝青春歲月更靠近一些。

我希望本書能幫助你和目前在時間軸上的位置產生連結，請你盡可能抱著善意和接納，面對此時此刻。如果你採取這種方式，就是在培養應付日後大小事的能力，因為你活在當下的能力會繼續陪你滑步前進，直至進入年老。

你的人生旅程並不是從貼著「年輕」或「中年」標籤的盒子跳出來，

再跳進另一個貼上「老年」標籤的盒子。這趟人生旅程是此時此刻無限的延續。我相信，這種觀念以及我接下來要介紹的老化曲線向上架構，會幫助你充分利用每一個時刻。

PART 1

從掙扎到活躍

昨天的我很聰明，想要改變世界。

今天的我很有智慧，所以正在改變自己。

——詩人魯米（Rumi）

第1章

從成功的老化邁向正念覺察的老化

為什麼人會老？

「你沒什麼改變嘛！」每當我跟朋友闊別數年後再次聚首，就會這樣告訴對方。當然這不是真的。每個人都有了更多白髮，皮膚也變得鬆弛。我發現自己配合大家一起撒謊，但後來忍不住思索為何要這麼做。假如我誇讚某個朋友說她的皺紋變深，細紋非常多，會怎麼樣？我敢說她一定不太高興。若是她指出我有這種情況，我大概也會覺得不悅。

我們的社會文化努力對抗老化。沒人會說皺紋或白髮很美。大家都希望自己長得年輕，皮膚光滑緊實，體態窈窕，滿頭亮麗的秀髮。我們希望能夠維持三十歲時的體力，認知功能也同樣敏銳。

坊間充斥各種書籍、電影、文章或部落格，告訴大家要設法追求年輕，推銷成功老化的祕訣。但這是指哪個方面的成功？是要戰勝自然老化的過程嗎？

我們不妨先退一步檢視人類為何會變老。這並沒有一個直截了當的答案，但是有兩個主要理論在探討人類及其他哺乳類動物的生理性老化，各自包含了數種次級理論。這兩大理論分別是「程序化老化理論」與「非程序化老化理論」。

程序化理論表示，老化是依循一套生理性的時間表，是我們內建的編碼基因，使生命得以衰敗、死亡。這項理論在演化上有直接的效益，意即人類一旦繁衍出後代，就會因老化而遭到淘汰，以確保將資源留給有生育能力的後代。

另一方面，非程序化老化理論則認為，老化是其他生物性功能造成的負面效應，難以避免。非程序化老化理論有一個次級理論是「磨損理論」（Wear and Tear Theory），聽起來滿有道理的：就像汽車因使用多年而逐漸損耗，人類也是如此。

喬治．威廉斯（George Williams）提出的「拮抗基因多效性理論」（antagonistic pleiotropy theory），便可以為磨損理論佐證。根據這項理論，人體內有某些具備多效性的基因變異（對偶基因），這些基因使我們在生命初期更加健康，但到了生命晚期卻會對我們有害（拮抗）。這類基因是落在所謂的「天擇的陰影」（selection shadow）之下，因為它們的壞處要等到生育階段結束後才會出現。[13]換言之，在天擇過程中，這些在生命晚期表現出來的性狀（生物特徵）是「隱性」的，不會傳給下一代。男性的睪固酮濃度便是其中一個例子：它有助於提振男人的雄風，但上了年紀的男人容易罹患攝護腺癌。

科學家至今仍持續研究討論，想釐清哪一種理論更有根據，[14]但既然我們尚不明白自身衰老的原因，首先要思考的是：我們對於自身的生死抱持何種心態。我們對自身老化抱持的看法，會左右我們在老化過程中的因應方式。若我們相信程序化老化理論，就很難激勵自己去選擇有益的生活方式，畢竟我們仍須奮力對抗由基因決定的死亡機制。但若我們明白老化的過程很複雜，可能是某種情況的副作用，就表示我們有多種按鈕可以選擇，按下其中一個按鈕便能影響老化的過程。

所以，是什麼決定了你這個人的老化過程？你應該料想得到，這也是極其複雜的問題，目前尚未完全釐清。許多科學家從生物學的角度探討老化過程，找出了九種細胞和分子的標誌性變化，它們合在一起而使人看起來衰老。[15]但是，是什麼促成了這些標誌性變化？各項變化之間有無交互作用，並非一目了然。

大家都知道，長期抽菸、胡亂飲食又不運動的人，跟生活型態健康的人相比，外表上有落差。但除了生活型態不同，還得考量別的因素，包括你的基因，以及你所過的生活是否讓某些基因更加活躍或喪失作用，都有極大的影響。心理因素則是在行為、認知功能、身分認同、感知與洞察力、態度等方面，對人的老化造成影響。社會性因素，如可資運用的資源和文化規範，也可能加速或延緩每個人的生理老化過程。[16]

生物學、心理學及社會學雖是不同的研究領域，但在打造更成功快樂的熟齡人生一事上，具有同樣的重要性。只不過，大多數人往往只從生物醫學標準來評估成功的老化。

成功的老化：只有菁英或少數幸運兒才配擁有嗎？

成功的老化本身有數種不同的詮釋。

首先，我們的實際年齡不同於生理年齡。我們無從左右實際年齡，因為它是每個人從出生活到現在，一共歷經了多少時間。

不過，我們的生理年齡取決於數種生物性和生理性因素（例如基因和生活型態），以及心理與社會性因素，譬如懂得應付難受的情緒以及處理社會關係。大多數人認為這個數字愈小，表示你達到更成功的老化。

你的生理年齡最好等於或小於你的實際年齡。一個人的生理年齡，是她或他在人生某個階段的客觀生存狀態，可透過不同的生物標記加以測量。有兩種常用的方式：檢測血液中的甲基化狀態（甲基化對於人類細胞的影響，就好比金屬生鏽那樣），或者檢測你的端粒長度（端粒是染色體的保護帽，細胞每分裂一次，它就縮短一次）。

若你是醫療科學家，想了解生理老化現象，並且設法延緩此一過程，運用這類測量工具來評估目前採取的介入性治療或藥物是否有效，算是明智的做法。

但對其他人來說，將成功老化視為客觀上最佳的生存狀態，很容易令人挫折沮喪。雖說健康的生活方式有可能延緩人的生理老化過程，但人到了某個時間點一定會老，努力終歸白費。不論我們的基因有多優良，多麼勤於健身，砸了多少錢買抗老乳霜或抗發炎奶昔，早晚都會輸了這場戰役。換句話說，「成功的老化」是矛盾修辭，我們若以它為目標，必輸無疑。

但若我們以「健康」二字代替「成功」，又將如何？近期探討老化的書籍和文章大多採取這種說法。當我這麼建議時，在丹麥的哥本哈根大學任教的老年醫學教授魯迪·韋斯滕多普（Rudi Westendorp）笑了出來，說道：「老化是指我們的健康狀態衰退，所以老化怎麼可能是健康的？世上沒有健康老化這回事。」

韋伯字典對於「health」（健康）一字的定義，和魯迪的見解如出一轍。根據字典上的定義，健康是指「身體、心智均處於健全狀態」，而且「尤其是免於身體上的疾病或疼痛」。[17] 倘若這是「健康」的定義，怎麼可能用這個字詞來描述某個常出現衰退、痛苦與疾病的人生時期？

話雖如此，我跟多名患有不同慢性病、受傷或殘障的老年人聊過，這些人依然認為自己的人生堪稱「健康」，甚至「成功」。

位於荷蘭的萊頓生命力與老化學院，有一群研究人員訪問了萊頓當地八十五歲以上的老年人，得到了同樣的結果。五百九十九名受訪者當中，僅有十％完全符合「成功老化」的各項標準（包括身體、社會、心理認知功能的量化分數，以及幸福感），但這群受訪者被問及老化問題時，平均給自身的生活品質打八分（滿分十分）。[18]這項研究說明了「殘障悖論」有其道理。這項悖論意指人們即使生病或殘障，行動不便，仍能感到快樂。

顯然在談到快樂的熟齡生活時，不該一味強調延緩生理老化過程，防止功能失調，值得考慮的其他因素還有很多。參與萊頓研究的受訪者認為，幸福感與社交機能要比身體和心智功能更為重要。

芝加哥的伊利諾大學有一項研究也得到相似的結果。一百五十三名不同年齡的殘障人士接受訪談；研究人員發現，這些人設法在身體、心理、精神與社會關係中取得平衡，以維持生活品質。換言之，研究團隊發現，這些人在某些身體器官罷工時，仍可能利用其他現有資源，活得淋漓盡致，某些人甚至因為有某種障礙，活得加倍精采。[19–20]

此處要傳達的概念是：並不是毫無身體或心理問題的少數幸運兒，才會有成功或健康的老化。「一旦我們的身體機能或能力開始衰退，幸福感也自然而然下滑」的說法，根本是錯的。不論是U型快樂曲線或殘障悖論（多項研究證明此悖論為真）都證實了這一點。顯然，精采的熟齡人生不僅在於生物性因素、身體健康與功能正常而已。

用更多元的方式因應年齡與健康

社會上對於年紀有一套強烈的規範，老年人為此得面對額外的挑戰。近來的輿論強調，宜避免因種族、性別、宗教或性取向等等而產生差別待遇。但年齡歧視也是我們必須面對的某種「特定主義或歧視」——年齡歧視（ageism）是指基於對方的年齡，產生某種刻板印象、偏見與差別待遇；遺憾的是，這種情形很常見。

二〇二〇年，一項針對八萬三千零三十四人進行的調查發現，每兩人便有一人對年紀抱有中度至嚴重的歧視態度（像是負面的刻板印象和偏見），而且在參與這項調查的五十七個國家中，有三十四國被列為中度或嚴重的歧視主義。[21]這種情況對於社會或個人都很不利。當這類社會性信念轉向內心，使我們的能力和可能性受到限制，便是自我年齡歧視，或稱為「內化的年齡歧視」。

世界衛生組織（WHO）前陣子針對年齡歧視發布了一份報告，根據研究結果，抱持年齡歧視的人面臨許多嚴重的後果，包括壽命較短、身心健康狀況較差，一旦有殘障或認知退化情形，更難復原。此外，年齡歧視也導致老年人生活品質下降，使他們在社交上更感孤立，限制其表達性意念的能力，甚至可能使他們更易面臨暴力或惡劣的對待。這份報告也指出，年齡歧視可能造成老年人經濟上的困難或不穩定，據估計要耗費社會數十億元的成本。[22]

難處在於極少人明白年齡歧視是個問題，我們根本沒有覺察到這一點，因為「老代表不好」的概念廣為大眾接受，還內化成為政策、法規、制度，甚至日常語言當中。比如說「elderly」（年老）這個字，就把七億兩千七百萬人放進同一個框架內，彷彿他們算是同一類人，彼此之間毫無分別。[23]

跟年齡歧視有關的還有能力歧視（ableism），因為隨著年紀增長，人們多半會失去某些能力。能力歧視是社會上對於殘障人士的偏見。一般人認定，有身體障礙的人就像東西壞掉需要「修理」那樣，而且相較於身體健全的人，他們的生活品質一定比較差。前文已經介紹過殘障悖論，大家應該了解這種先入為主的想法根本是錯的，但社會上的人依然覺得人類必須呈現出某種被歸類為「正常」或健康的樣貌。

世界衛生組織對「health」（健康）的定義是：「在身體上、心理上、社會上處於完全幸福的狀態，不光是沒有疾病或殘缺而已。」[24]「完全」一字意謂某人若非百分之百健康，便是不健康，但你可能像我這樣，總有某個地方需要改進。要是有人問我今早是否在身體上、心理上、社會上處於完全幸福的狀態，我會說「不是」，因為我的背在痛、雙腿僵硬，而且覺得累。但到了下午，我覺得好多了，我應該會回答「是」，雖然我花了這麼長的時間專心寫書，覺得有些孤單。

正如人生中的其他事物，我們的健康狀態和幸福感一直在改變。設法變好、覺得不舒服、承受痛楚，或者感到力不從心，都是人生的一部分，而且完全正常，不見得就要被歸類為不健康或老邁。這只是身為人的常態而已。我認為，不論一個人置身於人生的波峰或低谷，承受歡悅或痛苦，都有辦法活出精采，才真正表示我們既健康又活躍。

我打算透過這本書邀請你用更多元的方式來面對老化與健康。人生沒那麼簡單直白。人不能光用年輕或衰老、健康或虛弱、健全或殘障來劃分；你我都可能是年齡歧視的受害者或加害者。大多數人都是上述的混合體。為了面對當前社會對於老化的敘事，每個人都得關閉類似自動導航的慣性模式，探究自身刻板的思考模式，並且找出新方式，積極投入生活。

正念覺察能夠幫助人們適應

在我開設的「正念生命力與老化課程」中，瑞塔是其中一名學生。她讓我們看到，一個人若能往後退一步，用嶄新的角度看待人生，必將受益。

瑞塔是活力四射的瑜伽老師，一直以來認為瑜伽會讓自己的身體維持強健靈活。但她在六十三歲時開始因為組織鈣化，導致肩膀、手臂出現疼痛情況。她為此非常沮喪，開始擔心：「要是我沒辦法繼續做瑜伽，怎麼辦？我會變得沒力氣又脆弱嗎？」她原本想像自己直到八十歲仍然健康靈活、行動自如，如今這個形象搖搖欲墜。

但正念練習是有效的工具，幫助瑞塔逐漸適應這種情況。她不再坐在那裡想著自己有哪些事不能做，或者煩惱未來的事。現在，她退一步思考，檢視瑜伽到底給了她什麼，然後試著探索其他能夠帶來同樣愉悅、有意義和自我感的事物。她想到了幾個選項，其中一個是太極。她不再滿心煩惱老化的事。瑞塔在思索後說：「我知道健康也在於心理狀態，我不再那麼擔心老化了。我不會只想著年紀愈大，身體會變成什麼樣。我還可以做其他事來維持健康。」

我在萊頓生命力與老化學院攻讀碩士學位，正在撰寫此主題的論文時，兩位指導教授大衛．范．博德戈姆（David van Bodegom）和法蘭克．沙維奇（Frank Schalkwijk）提出了開設相關課程的想法。兩人都認為，只憑生物醫學單方面努力延緩老化過程、防止功能失調還不夠，最好納入其他研究成果，證明老年人經過啟發和教導後，也有能力繼續過身心愉快的生活。基於個人經驗與身為正念導師的專業經驗，我提出假說：正念可以當成一種介入手段，恰好滿足老年人的需要，它是一組工具，甚至是一種生活方式，如此一來，儘管他們因年事已高而產生了障礙和不便（或許正因為障礙和不便），卻更有力量過豐富的生活。

我並非空口胡說，而是有令人振奮的研究做為後盾。過去二十年間，不少人發現正念在許多方面都有好處，使其備受關注。過往研究指出，正念有助於減輕壓力與煩惱，紓解孤單、沮喪感與體內系統性發炎，還有助於改善心理健康、睡眠、覺察、認知功能相關的自我效能，以及心理上的幸福感。[25-30]

儘管大部分正念研究都是針對青壯年族群，但是，老年人，尤其是要應付經濟、心理、社會、情緒與身體各層面問題[31]的人，也可以充分感受到這些益處。

正念顯然深具潛力，但至今學術界仍少有人關注正念對老年人的益處。[32]不過，目前已完成的研究結果令人振奮。二〇一九年，研究人員通盤檢視了冥想訓練對於健康老化之效果的現有文獻，發現冥想練習可延後失智症初次發生的年紀，改善認知功能，減輕焦慮、憂鬱和壓力，並且提升正向的情緒。[33]某些研究表示，正念可能也有助於減少當事人的生理年齡。[34]

我針對正念生命力與老化課程進行研究，證實了這項假說。受測者（五十五歲至七十四歲）表示，他們的觀點和行為都更加靈活，開始試著忽略自己做不到的事，將注意力放在帶來愉快、意義和滿足的事物上。受測者也說，正念讓他們面對世界的眼光和作為都變得不同，對於生活上及老化帶來的挑戰更能應付裕如。

具體來說，受測者發現，定期停下來退一步思考，用覺察、開放、接納和自我同情的心態，迎接生活中的一切，的確有幫助。正念似乎有助於培養隨遇而安的心境，讓我們的晚年過得健康愉快。

隨遇而安的心境表示你掌控了自我，這並非控制發生在你身上的事情，而是你能夠決定用何種方式回應。

近期一項探討殘障悖論的研究，證明了掌控感和人內心的幸福感息息相關。這項研究綜覽各種案例並發現到，當一個人功能嚴重退化，卻仍保有幸福感，主要在於是否有自我掌控感。[35]我會在下一章說明老化曲線向上的架構，幫助你獲得掌控感。

第2章

不再忌諱談老，開始擁抱年齡：淺談老化曲線向上架構

讓舊菜刀煥發新生命

想像現在是沁爽的秋日，你在路上騎著自行車，左腳突然不受控制，讓你摔倒在地。你設法不弄傷自己，小心地起身，仔細一瞧才發現有塊踏板脫落了。這時要怎麼辦？當然要牽你的自行車去車行！把車修好，搞定，你重新上路。我們便是用這種方式解決大多數的問題：找出破損故障的部分，把它修好之後就沒事了。

大多數人也是這樣看待老化帶來的挑戰：單一部位或器官用久了有些失靈，所以我們想方設法加以修復，可能是換一個新的膝或髖關節，或放置心律調節器，讓這個人重新「動」起來。但因為這些器官的有效期限快要到了，愈來愈難修好，而且也影響到其他器官。到最後，這個人再也「動」不了，猶如機器故障，派不上用場了。

你是這樣看待老年人或自己嗎？我想提出另一種觀點，重心放在「什麼對我們來說才最重要」，而非「我們有什麼問題」。

以一把舊菜刀為例。刀柄看起來有點灰，沒那麼平滑。糟糕的是，刀刃變得非常鈍，根本不可能拿來切蔬菜。你會說它壞了嗎？大概吧，因為它已經不能發揮本來的用途了。不能拿來切的刀，有什麼用處？刀刃得重新磨利或換新，你也可能乾脆丟掉這把刀。一般人慣於用這種方式看待事物，其實並沒有錯。畢竟相當成功的長壽科學是基於此哲理，人類也因此找到了活得長壽的原因。

但現在，讓我們從「功能性情境論」的哲理來檢視這把刀。我聽到你在問：「你到底在說什麼啊？」這個理論的名稱確實有點拗口，也不是我們日常會讀到的哲理。但它的意義藏在名稱裡，亦即要考慮這把刀在什麼情境下發揮功能。或許，你不必再拿這把刀來切菜；或許，你可以用刀刃扁平的那一面來搗碎大蒜或堅果；或許，它可以在戲劇演出時充當安全的道具；搞不好你還可以用它來清除指甲縫的汙垢，或是刮掉車窗上的積雪。

這把刀在其他情境中仍然派得上用場。你別再說它壞掉、故障、過時或功能異常。你明白我要表達的意思了嗎？若我們拋棄傳統上生物醫學的慣性觀點，改用功能性情境論的哲學角度來看待老化，會怎麼樣？若我們願意發揮更多創意與彈性，不再根據年輕時的眼光來看待人生，而是將老後的人生視為另一種情境，又將如何？

本書會帶領你培養這樣的思維。在第三波的行為治療法當中，正念極其重要。這種治療法與傳統的西方心理治療截然不同，後者是建立在機制哲學之上，目標是減輕症狀。但第三波的行為治療並非將人們視為有問題或毛病，而是認為人們沒有什麼地方得「修理」。這種觀點源自於，他們觀察到：不斷試圖擺脫「症狀」只會帶來更多痛苦，而且這些症狀早晚會復發。另一方面，正念則是教導我們，人生中的問題大多是因為我們想要控制或避免不快的念頭或感受，而且如果我們老是想控制內心的感受，便會陷入更加痛苦的惡性循環中。

這種基於功能性情境論的治療法，其目的並不是要擺脫痛苦，而是要幫助我們把它納入自身豐富又有意義的人生當中。這種包容接納的方式，不僅能大幅提升幸福感，也有益於人的心理健康。功能性情境論有大量持續增加的證據佐證。[36]因年紀增長而患病，或者有一種或多種機能衰退或器官疼痛，並不表示我們故障或功能不良。我們就像是一把備受愛護的菜刀，如今置身於新的情境，等著我們去發掘各種可能。

注意它、標記它、了解它、擁抱它！

我非常不願意傳達壞消息，但你極可能發現自己置身於各種令人難受的情境，不得不練習用這種新方法來應付人生的難題。

以二十七個歐盟會員國為例，二〇一九年出生的人，平均可以活到八十一．三歲。[37] 遺憾的是，這些人只能維持六十四．二年的健康。[38] 人出生時測量的健康平均餘命（healthy life expectancy, HALE），是指人可望在「完全健康」（沒有疾病或障礙）狀態下生活的平均年數。大多數人是在人生最後幾年失去一部分的健康。

進一步說，跟年紀有關的疾病大多相伴出現。統計數字顯示，共病（comorbidity，又稱合併症）好發於六十五歲以上的人。「共病」是醫學術語，指患者身上有兩種或多種疾病或症狀。七十五歲至七十九歲長者有共病的機率是六十%，而八十五歲至八十九歲長者有共病的機率達七十五%以上[39]。有關老化的醫療數據，讀來令人怵目驚心，但這就是人生。

我的目的並非要改善這些數據，而是要告訴你：你有能力運用強大而不拘泥的思維，來應付統計數字背後的情況。這正是我要說的好消息！

我在為本書進行研究時，曾經加入禁語十日的內觀中心。中心主持人是麥可·赫爾默（Mike Helmle），他在佛教學者安東尼·瑪威爾（Anthony Markwell）的指導下，獨居泰國七年，研修冥想，練習禪定。

麥可在某次談話（教師不必禁語）中向我們介紹「苦諦」（Dukkha）的概念，它多半用來指「受折磨」，但更正確的定義應該是「不滿足」、「不安適」或「不滿意」。人生包含了許多不滿與苦痛，但佛法能夠幫助人從苦痛中解脫。要做到這一點，就必須分別看待身體和心智。麥可說：「痛苦是肉體上的，受折磨是心靈上的。」他的意思是，痛苦是無從避免的艱辛，而且生命中一定有痛苦，但受折磨卻是我們對於痛苦的解讀與認同。那是我們憑直覺做出的心理反應；那是你選擇這麼做。

若我們體認到苦諦是生命的一部分，坦然接受，就能讓它變成成長的源頭，而非一味受苦。我們不該將人世的艱辛視為該譴責或亟欲擺脫的事物，而是要看成機會，以此尋找人生的喜悅與意義。同樣地，我們不該哀嘆老化，反而要高高興興地把握這個機會，對人生有更深刻的理解，並且創造更豐富的意義。要達成這一點就得訓練心智，好讓我們的心不去認同「發生在身體上的一切」，獨立存在。

根據麥可所說，訓練心智的練習會歷經四個階段：

注意它！

標記它！

了解它！

放下它！

簡單來說，這四個階段是運用正念來體察苦諦的方法，而我們每天也可以提醒自己要這麼做。

首先，我們得要留心，去注意它。我們得稍停片刻，了解此刻所發生的一切。你覺察到身體有哪些感受？當下有什麼情緒？或許身體的某處也覺察到這些情緒？你有任何念頭或想法嗎？你只要注意有哪些念頭或想法就好，別陷得太深，然後，開始詢問我們為何有此感受。

接著，我們為這次經驗命名，去標記它。比方你可以說：「我注意到關節僵硬」或「現在有悲傷的感覺」。我們試著將某項經驗獨立出來，別跟其他經驗混淆，才能看得更清楚。我們這麼做以後，就會逐漸發現自身行為具有某種模式，類似的經驗會不斷重複。

此時，自然而然進行到下一個步驟。我們開始了解它。我們獲得覺察，甚至可以說是智慧。最後，我們得放下它。我們會感謝自己的身體和心智給我們上了寶貴的一課，接著，就要盡最大努力讓這份新的覺察帶領我們面對生活中的大小事，做出有自覺的抉擇。

我們不必當佛教徒，也可以依循這些步驟生活。前面提過的第三波行為治療法也鼓勵大家這麼做，讓我們用覺察、接納、靈活的思維來因應挑戰，比以前更懂得變通。

這四個階段是「老化曲線向上架構」的基石，因此在此向大家說明。前三個階段——注意它、標記它、了解它——是基本的正念技巧，全都做到以後，才可以邁入第四個階段：放下它。這四個階段之間有極深的關聯，我認為就像一個迴路，在一天當中，我們應該適時停頓一下，退一步留心周遭：注意、標記並了解此刻發生的一切。

一旦我們注意到自身內在世界的運作，就會更加了解自己，而有了這份理解後，我們便能隨心所欲，用新的方式過生活。我們不再憑直覺而抗拒改變與不滿足，而是逐漸懂得欣賞人生，全然擁抱生活中的一切。麥可說，最後的階段是「放下它」，但我把它改成「擁抱它」，因為我發現「放下它」很容易被誤會是放棄，或者繼續過生活，卻未採取行動。

為了擁抱（embrace）老化，我們得練習四種技巧，而我用首字母縮略字 eMBrACe 來呈現：

- **M 是指選擇我們的心態／思維模式（Mindset）；**
- **Br 是指擴大（Broadening）我們關注的視角，以擁抱困難；**
- **A 是指抱持對我們自身和他人的關愛（Affection），迎向挑戰；**
- **C 是指致力於（Committing to）努力適應。**

這個字最前面和最後面的e，代表了正念迴路連續不絕。我們注意到此刻發生的事，為它命名，加以了解，接著選擇一種思維、擴大我們的視角去擁抱它，抱著關愛與感情迎向挑戰，致力於努力適應。這麼做所產生的效果，會形成另一個需要注意、標記、了解的片刻，然後一直延伸下去。

你可以將這個架構看成一個反覆的學習過程。這個迴路讓你更容易看清全局，並且，透過擁抱它，你會用更健康有益的方式，回應生活中的困難與挑戰。

老化曲線向上架構並非將老化視為通往終局的階梯，而是善用技巧去注意、標記、了解並擁抱人生際遇的連續過程。世事無常；在我們通過迴路時，生活也並非靜止不動。每經過迴路一次，便是一個片刻，而每個片刻都促使我們繼續生活、學習、成長，這也就是在勾勒向上的老化曲線。這項往前的動作，藉由最後一個e的箭頭形狀呈現出來，讓我們往前、往上移動。這個架構邀請我們持續經歷人生的每個片刻，如下圖：

在接下來的各章中，將會陸續詳述每個階段及其激勵人心的特點，並教導你培養相關技巧。儘管這些階段是以正念為基礎，但有時我也會納入某些原本跟正念無關的工具，因為它們可能是幫助我們堅持下去，最終達成行為改變的技巧，或是協助我們重塑思想模式和信念的工具。正念並非萬靈丹，但它是一個很棒的起點。

勤加練習：投入心力創造活躍愉快的熟齡生活

在建立老化曲線向上架構時，要有耐心，多多練習。我們要投注大量心力和時間，才能夠逐漸習慣「行經迴路」，在日常生活中建立架構。但生命中的重要事物多半都是如此，好比大家都知道必須花心力維護關係，美滿的婚姻不會憑空產生。

很多人會說，年齡帶來智慧，老年人更睿智。沒錯，相關研究已經發現人的情緒智商會隨年紀增長而有進步。[40]比方說，老年人表示自己更善於調節情緒，更懂得自制。同時也發現他們較少有負面情緒，即使有，也不會沉溺太久。此外，老年人較少表現出憤怒，善於運用平靜策略，控制內心的怒火。

相關研究還發現正念特質（mindfulness traits，有時也稱為「正念傾向」〔dispositional mindfulness〕）也會隨著年紀增長，[41]老年人便是因此而有更佳的情緒健康。[42]但這種好事並不會自動發生在每個人身上。大多數人必須為此努力；總是有很多事要學，而且我們因應生活的方式一定可以更好。

練習正念不僅能夠幫助你過好目前的生活，也是對未來的投資；你不妨把它列入退休計畫。正如你會確保自己存到足夠的錢，衣食無憂，有房子住，你也得確保自己有靈活的心智來面對日後的變化。

儘管本書談的是老化，卻不光是寫給耄耋長者看。年輕人愈早開始練習正念，能夠受益的歲月就愈長久，也能把握更多機會練習。我想請你將生活中令人惱怒的瑣事，看成是健身房的器材，多虧這些器材協助我們鍛鍊健壯的身體，我們才有辦法應付未來日益嚴峻的挑戰。

所以，開始吧！給自己泡杯茶，坐得舒服些，讓心靈開啟，跟我一起跨出慣性模式。

PART 2

注意它、標記它、了解它

你愈是安靜，就愈能夠聽見。

——詩人魯米

第3章

注意它：訓練你的專注力

留神注意：明智投資你的心智貨幣

現在是週二早上，你一醒來就聽到雨打在窗戶上的聲音。你想像自己等一下會淋濕，搞不好還會感冒，忍不住打個寒噤。你勉強振作起來，下了床，雙腿立刻感受到空氣中的寒意。你依照習慣煮咖啡，卻發現牛奶已經用完了。這杯咖啡喝起來很苦，你邊喝邊罵自己居然忘記買牛奶。你沒注意到自己渾身緊繃，肩膀高聳，簡直快跟雙耳齊高了。你去沖澡，不禁想著今天到底還會多倒楣。

讓我們想像另一幅情景。

現在是週二早上，你一醒來就聽到雨打在窗戶上的聲音。你在床上多待了五分鐘，聽著雨聲，享受羽絨被裡的溫暖。你花了點時間留意新的一天開始的跡象：雨的氣味、鄰居們沖澡的聲音、外頭的聲響。你下了床，雙腳踩進柔軟的拖鞋。你煮咖啡時，發現它散發出堅果的甜味，即便沒有牛奶，你仍特意花時間仔細品嚐咖啡。你認真想著，或許應該改變習慣，以後乾脆不要加牛奶。你去沖澡時，用心感受溫熱的水輕柔流過身軀，覺得身體放鬆下來。你不禁想著，今天還會有什麼樣的機會和經歷在等著你。

你看出兩者的差別了嗎？你的注意力放在哪裡，會造成很大的不同。

每當我請人們說說他們覺得哪些能力有助於促成豐富多采的人生，從來沒有人提到轉移注意力。但其實，注意力是我們心智的貨幣，我們決定把它投資在哪裡，就是在為自己的生活定調。

上面的例子說明了我們的注意力有三種傾向：容易偏離分散，沒有專注於當下；容易只看負面而非正面事物；以及容易忽略身體感官（帶來的感受）與情緒傳達的訊息。這些傾向不光是讓我們錯失許多美好事物，也會讓我們反覆陷入漩渦，內心充斥著不必要的負面想法、憂慮和悔恨。

建立豐富人生的祕訣是：有能力捨棄某種想法，選擇另一種想法，因為這麼做將會影響到之後產生的情緒與身體感受。但在選擇想法之前，我們要先注意內心出現了什麼想法。本章先帶大家檢視老化曲線向上架構的第一項基本技巧：注意它。

經常分心的負面心智讓我們安全

我要請你閉上雙眼，在心裡慢慢默數。每次腦中蹦出一個念頭時，就回到「一」重新開始數。現在開始做。

你可以數到幾才會被念頭打斷？有些人只能數到「三」就被打斷，也有人有辦法數到「二十」。這項練習的目的是要請你體驗到自己的心和腦有多忙碌，而我們有多容易分心，很難活在當下。

人們很愛分心想別的事。早在二〇一〇年，哈佛大學的心理學家馬修・基林思沃思（Matthew A. Killingsworth）與丹尼爾・吉爾伯特（Daniel T.

Gilbert）便做過一項開創性的研究。他們在受試者的智慧型手機上安裝一款應用程式，追蹤了兩千兩百五十名自願受試者，年齡介於十八歲至八十八歲之間。每隔一段時間（不拘長短），便詢問受試者此刻在做什麼，心思是否放在目前進行的活動，還是在想別的事，也請他們回報快樂指數。

這項研究發現，受試者有四十六．九%的時間分心想別的事，這種情況讓他們給快樂程度打了非常低的分數。事實上，研究人員的結論是：「經常分心的負面心智很不快樂。」而且，比起你從事的活動本身，你心思漫遊的頻率更能夠預測你有多快樂。[43]

你只要想一想，便會知道這是有道理的。我們的心若不在當下，就不可能快樂。或許你過著充實滿足的生活，身旁有樂於關懷的家人和朋友，但要是你忙著處理每一項待辦事項，或擔心日後失去這一切，那麼你並未活在當下，沒有全心領略這份美好。

所以我們為何會分心去想別的事？因為人腦天生的設定是要使我們得

以生存，而非為了維護心理健康。人類的大腦經過演化，會經常檢視周遭有無潛在危險，以策安全。我們的遠古祖先沒有餘裕享受當下的美好時光，因為這麼做對他們來說並不安全。現在，我們有餘裕這麼做，卻仍然用那顆跟遠古祖先很像的腦袋到處行動。

我們的大腦還會使出另一招來保護自身：優先處理外界的負面刺激，這叫做「消極偏見」（negativity bias）。回想一下你需要拿出本領的場合，也許是向一群同事進行簡報、演奏一段音樂，或者為幾位你極想留下好印象的賓客烹煮一餐。你很可能只記得其中幾件不太順利的事。為什麼？因為你必須從犯錯中學到教訓。從存活的角度來看，留意積極正向的事物不太明智。要是我們的遠古祖先在生火烹煮時，太過注意食物是否色香味俱全，最後可能會變成別人的食物。

現在生活已經不同了，不光是為了生存而已。好消息是，雖然我們天生大腦的設定機制跟遠古祖先一樣，但大腦也極具彈性。由於大腦有「神經可塑性」（neuroplasticity），亦即腦神經網絡有能力做出改變，我們有可能調整預設的反應機制，讓自己不光是存活，還能活得豐沛精采。

我要聲明，分心不全然是壞事，它不只是讓我們安全，也能帶來愉快。我自己很喜歡反覆回味開心的時光，或者想像要去度假或近日即將舉辦的活動。我跑步時，也會放任心思漫遊，因為暫時忘掉運動有多辛苦，對我有好處。分心想別的事，還能幫助我找出解決方案或想到新的點子。我想要說的，並不是人應該隨時保持專注，而是我們能夠決定自己何時分心，何時收攝心神，專注於當下。

正式與非正式的注意力訓練

我們得用鍛鍊肌肉的方式來訓練心智，以便控制自身的注意力，重新設定大腦，使它運作的方式更有益於身心健康。

首先是透過非正式的正念，亦即未進行冥想的正念，這是指我們在日常生活中注意到眼前發生的事，並且刻意收回注意力。當你有意識去做某件事，都可以運用這一招：「對於等一下要參加的會議，我的身體和心理有何反應？」「我今天早上彎腰碰觸腳趾時，身體有什麼感覺？」

其次是抽出時間練習正式的正念，你可以坐或躺，也可以緩慢走動，時間不拘，從五分鐘到數小時皆可。我們發現，經常有人將正念和冥想混為一談，但其實沒這麼簡單。你不做冥想，也可以維持正念，但也可能出於其他意圖（不限於正念）來進行冥想。

許多證據都顯示，正式的正念冥想有助於提升注意力，即使在每天只冥想十分鐘的新手身上，也看得到進步。[44]雖說僅有少數研究納入老年人，卻有令人振奮的研究成果。[45]即使是患有失智症或認知障礙的人，都因練習正念而改善注意力。[46]有項研究發現，正念的效果在年逾六十的人身上更為明顯。[47]看起來，開始永不嫌晚。

透過正念冥想，我們得以練習集中注意力。集中注意力分成幾種，好比專注於某項工作或外界刺激，但我們也可以嘗試維持長時間的專注力。最後，我們可以練習將注意力放在某處，將之放大或縮小。好比一台相機，我們可以選擇對焦，專注於某項工作或感受，或是將鏡頭拉遠，擴大注意力範圍，覺察有哪些想法、情緒、身體感覺出現而又消失。

不同類型的專注力，能夠幫助我們應付日常生活中的挑戰。舉例來說，若你感到痛苦，或許可以選擇淡化痛苦的感受，或者放大注意力的範圍，設法覺察其他不好不壞或愉快的體驗，正與痛苦同時存在於此時此刻。或者，你想將注意力放在痛苦上，仔細觀察，抱著好奇心和善意去了解它。稍後，我們會討論你為何想探究痛苦。

我聽到你在說：「但我沒辦法控制想法。」沒錯，我們隨時都會感受到不同的身體感覺或情緒，各種想法也會隨之冒出來。如果你坐著不動來觀察內心的動態，就會發現每一刻都有思緒和感覺在流動，相繼出現、改變、消散。既然如此，與其白費力氣苦苦控制這些思緒或感覺，不妨派一項任務給心。

儘管我們有可能將注意力的範圍放大，卻沒有那麼大的腦容量能把畫面拉近，同時將焦距放在兩件（甚至更多）事情上。雖然長期以來一直有人說「多工作業」（multitasking）是可貴的技能，但人類實在不可能兼顧兩項工作，一定會漏掉細節。但我們卻可以善用這一點來增加優勢，也就是將全部的注意力放在眼前某一件事上，讓它占用大腦的資源，阻止你的心到處漫遊。

比方說，你注意到自己的心又開始回顧某種情況（起碼想了一百遍），也許那是最近你做過的糗事，那麼，你可以選擇轉移注意力，好比說雙腳踏在地板上有何感覺。就是這樣！讓你的心專注在另一件事情上。留意雙腳踩在地板上的觸感。或許你比較喜歡專注在呼吸上，或是屁股坐在椅子上的感覺。只要你至少選一種感官，把全副心神放在上面就好了，選什麼都沒關係。

當然，你的心思還是會繼續一次又一次地到處漫遊。新的雜念、懊悔和煩惱都會持續騷擾你。想要反抗人類先天的設定，絕非一蹴可及。

眾所周知，演化是相當緩慢的過程，要改寫直覺並沒那麼快。關鍵是有耐心，持之以恆。每當你的心思飄到別處時，先承認這一點，感謝你的大腦盡其所能地維護你的安全，然後把注意力放回雙腳踩在地板上的觸感。

這是基本的正念技巧：注意它——注意有什麼念頭或感受出現；標記它——

給它一個稱呼；讓智慧由此產生，並了解它的本質（比如說：「它只是一個想法」），然後回到你原本專注的事。

假以時日，你會發現努力是有回報的，你將比較容易專心做事，不再深陷於懊悔、煩惱的漩渦。當你知道自己能夠有意識地引導注意力回到它應該去的地方，將會覺得自己強大無比。

我邀請你玩一場注意力的遊戲。把正念的挑戰當成遊戲，看看你的心智具有多大的力量。你可以自行探索，但一開始若有老師在一旁出聲引導，或者播放引導式冥想錄音檔，你會更容易進入情況。你在網路上可以找到很多引導式冥想的音檔，也可以下載多款手機應用程式。不過，要注意到，這些引導式冥想未必都是以正念方法為本；即使是採用正念方法的冥想，也分成許多種，但只有幾種冥想是用來練習集中注意力。

一起成為有耐心的叛徒！

改善注意力的過程有點辛苦，因為不光是有強大的基因力量在作祟，我們目前的生活方式也構成阻礙。我們隨時查看電子裝置，也經常被電話鈴聲打斷。二〇一九年，歐洲的科學家團隊進行了一項研究，發現現今的人能夠取得大量資訊，因此專注於某項主題的時間變得比較短。[48]

年紀愈大，專注力也愈差。雪柔・格萊蒂（Cheryl Grady）博士與同僚一起為正在閱讀的年輕人和長者，進行腦部的功能性磁振造影，發現長者（尤其是六十五歲以上）在啟動腦部控制專注力的區域時更加費力。[49]其他研究也證實了年齡相關的改變，以及控制注意力的能力會下降。[50]人們只是在年紀大了以後，更容易分心罷了。[51]

儘管這一路是難騎的上坡路，我們依然可以經由練習來提升專注力。正念能夠幫助大家對抗演化上的障礙。我們無法改變基因的組成，卻有可能改變自身應付欲望或衝動的態度，日子一久，我們就能改寫自身的基因習慣和文化上的偏好，不再像過去那樣極易分心或是先看負面事物。

我們無法控制想法、情緒與身體的感覺，卻可以學會掌控注意力。秉持耐心與毅力，我們便可以慢慢重新連結大腦的神經迴路。經過一段時間，你會發現重新集中心神變得比較容易，也更能維持專注。

這是值得花心力培養的技巧，因為無論是哪種類型的正念冥想，都必須先訓練注意力。若我們的注意力短暫到不足以覺察（自身及周遭），也就不可能練習其他以正念為基礎的技巧。

品嚐愉悅的滋味

若想馴服經常分心的負面心態，還有一種不太正式的正念方法，那就是花些時間仔細品味生活中令人愉快的事。

下次你所愛的人過來找你擁抱時，花些時間真正感受擁抱。對方緊挨著你的身體時有多麼溫暖，他／她的皮膚有多麼柔軟，而在你心中升起的情緒是那麼愉快。你也可以試著運用正念品嚐每天早上的第一杯咖啡或茶，運用你的感官，感受那股香氣、那股滋味、口中的溫熱液體，甚至當你嚥下時，它流過你全身的感覺。

我們要經常品味愉快的片刻，讓它變成一種習慣。這麼做便是在重新連結大腦中的神經迴路，以免忽略生活中每一份小小的快樂。對每個人來說，這都是非常棒的能力，但對於長者來說尤其重要，因為它有助於抵消伴隨身體老化而產生的不快感受。

我七十五歲的母親——琳．荷姆．莫汀森（Lene Holm Mortensen）在安寧照護機構當志工。有一次，我問她為什麼要花那麼多時間待在那種地方，我一心以為那是個讓人難過沮喪的工作。她卻說恰好相反，甚至還說那是肯定人生的體驗。

九十一歲的退休神父維葛．烏若普（Viggo Uttrup），以前常跟我母親在安寧照護機構服務，他說，有時幾個病友會一起享用美味的晚餐，他非常喜愛這樣的時光。

大家一邊品味生活中微小的事物，一邊暢談重要的事。這些人或許素不相識，卻共度了人生最後的一段時光。大家一起品嚐咖啡，享用蛋糕，或是欣賞庭園中剛綻放的花朵，在這樣的片刻裡聯繫情感，互相傾訴人生的回憶與感想。安寧病房內的生活有可能更加肯定生命，因為死亡提醒了我們：所謂的小事，其實並不微小。

專注於當下，不僅能帶來即刻的喜悅，也使我們有能力應付日後的挑戰。要是我們多加留意內心世界與外在世界，就會開始了解兩者之間的關係。一旦我們抱著好奇心探究眼前注意到的事物，並為其命名，就能開始培養覺察的能力，下一章會討論這一點。

開始練習：集中注意力

本章檢視了老化曲線向上架構的第一項基本技巧：注意它；這項技巧牽涉到我們是否能夠集中注意力，維持專注。

重點如下：

- 只要我們適當調整注意力，便能促進身心健康。
- 多加注意愉快美好的時刻，能夠給我們豐沛的人生。
- 人們天生就容易分心，也會先注意負面事物，但這種傾向是有可能改寫的。
- 正式的注意力訓練，是抽出時間做正念冥想；而非正式的注意力訓練，是對日常生活保持覺察。
- 我們無法控制想法、情緒和身體的感覺，但能夠掌控要把注意力放在哪些事物上。

- **要決定將注意力放在何處，並且維持專注，的確不容易；當我們變老時，要這麼做則更加困難，但我們可以多做練習來改善。**

「注意它」和「玩一場注意力的遊戲」皆是引導式冥想，可幫助你練習本章提到的技巧。

如欲取得音檔，請掃描此處
QR code，或上網站：www.
ageingupwards.com

第4章

標記它：為你的經驗命名

從迷惘走向澄清

我在荷蘭教正念課程時，有時候會帶著玻璃杯去上課，在外面找一條運河，在杯中盛滿運河的水，並且一上課就把杯子放在桌上。我這麼做是為了說明「注意力」和「覺察」之間相互依存的關係。最初，水相當混濁，但一段時間之後，渣滓逐漸往杯底沉澱，水質就變得清澈了。要是我搖晃杯子，水便會再次變得混濁。

只要我們讓雜質沉澱下來，同樣的情況也會發生在我們的心靈上。心靈頓時恢復了澄澈的本質，我們也有了新的洞察。我們只要選定一個焦點，有意識地將注意力放在那一點上，多練習幾次，就會發現自己愈來愈容易清晰地觀照內心。

這份增強的覺察會產生正向的回饋，進一步提升專注力，因為我們了解到分心的本質，並且明白自己沒必要受到干擾。我們可以選擇讓它們飄過去，回到我們原先專注的那一點上。有一個重要步驟可以幫助注意力轉為更深刻的覺察，那就是當我們留意到某個思緒、情緒或身體感覺，花些時間仔細體察，進一步探索它。

老化曲線向上架構的第二項基本技巧「標記它」，位在正念迴路的中段，表示唯有當你花時間多加留意所注意到的事物之本質，你的「注意」才可能轉為「了解」。

多數時候，諸多經驗充塞在我們的內心，攪成一團。不同的思緒、情緒與身體感覺互相混雜，有時不容易分辨出來。藉由為想法或情緒命名，你便可以將它們視為獨立的實體。如此一來，你就不會疲於應付，並且能夠將它們看成某件「能以不同方式來因應」的事物。舉一個大家都能感同身受的例子：你和家人或摯友的關係。

比方說，你要舉辦慶生會，打電話邀請已經成年的女兒來參加，但女兒說她忙到沒空過來，你掛斷電話後滿心不悅。若你花一些時間用心探索這項經驗，大概會先注意到自己的胃部緊縮、胸口發悶，雙眼湧上淚水，內心萌生一些念頭，你不禁忖度她不想見你是否另有原因。然後，內疚、氣憤、擔憂或自憐等，各種感受紛至沓來。

一旦你標記了目前經歷的一切，就會發現是自身的思緒餵養了情緒及身體感覺；你也可能看出自己有某些行為模式，這些模式也許跟眼前的情況無關，卻被觸發出來。只要標記它，你便能有意識地回應目前的情況。

有一點要特別指出：此處的「標記」，並不是說要用聰明才智去探究某項經驗。這麼做的本意並非探問某事為何發生，也不是要分析該怎麼處理目前注意到的事情。我們只是觀察當下所發生的事。

這個迴路是由「注意、標記、了解」等部分組成，各個部分適用不同類型的冥想。

若要練習專注，我們通常會做「單點冥想」（single-pointed meditation），意即一發現自己開始分心，就將注意力召回到某一點上，像是呼吸、身體感覺、聲音或持誦（反覆唸某句咒語）。我們先保持注意，以此訓練專注力。

之後，為了獲得覺察（標記它、了解它），我們邁向迴路的下一個階段，從單點冥想過渡到更開放的覺察，此時，我們留意並標記身體感覺、念頭和情緒來了又去。有時，這稱為「內觀禪修」（insight meditation）或「開放覺知冥想」（open awareness meditation）。

凱西・沃德是知識淵博、經驗老到的正念導師，四十年來練習了多種冥想。她分享親身經驗，說明這兩種冥想有何不同。在她二十幾歲時，有人介紹她學瑜伽，以及基於呼吸或持誦的冥想來對抗癌症。她說，這類單點冥想幫助她收攝心神，對付煩惱和情緒。「冥想讓我暫時忘記目前發生的事，感覺像是獲得了解放，很不錯。」但後來，她逐漸掌握正念，便開始練習內觀禪修。「後來，我發現自己開始練習正念以後，獲得了更多洞察力，那是我二十幾歲時錯過的東西。」

如今回頭看，她明白單點冥想本身雖然有助於逃避，卻無法帶來正念的全面效益。正念並非要你逃避自身的念頭，而是要你探究這些念頭。內觀禪修並非逃避現實，而是讓你更認識本性，意識到自己習慣用何種方式回應，讓你從慣性中解脫，得以選擇用另一種方式回應。

史帝芬．湯瑪斯（Stephen Thomas）提出另一個例子，說明內觀禪修對身心健康有何益處。他非常懂得如何避開他口中的「情緒噴發的火山」。史帝芬目前七十六歲，看起來卻只有五十來歲。我在某次 Skype 通話時見到他，他充沛的活力從美國猶他州傳達到我所在的荷蘭。

後來，我致電給他，想知道長達三十年的冥想練習，加上待過三十處內觀中心（Vipassana retreats），對於他的人生有何幫助。Vipassana（內觀）

是巴利語，為佛教的古代語言，意思是「見到事物的本然面目」，現今也用來指內觀禪修，並啟發了世俗的正念冥想觀。

史帝芬參加了由葛印卡（S. N. Goenka）禪師[52]指導的內觀中心課程，包含為期十日的禁語冥想和內省。我詢問史帝芬，為何他的精力如此充沛。他回答，優良的基因和飲食法都有幫助，但主要是因為每天做內觀禪修，讓他能像有效率的汽車引擎那樣運作：「我並非以每分鐘七千轉來運作，而是以低速的每分鐘一千五百轉來運作。我的引擎壽命要比別人長得多。」從他渾身上下的活力看來，你會以為恰好相反：他一定是比其他人更高速地運轉。

但史帝芬深信，內觀禪修讓他將精力用在重要的事物上，不至於浪費在別的事情上。「我已經學會停下來觀照內心，並且解決事情。」他說：「我坐下觀察。我不再用離譜行徑來宣洩不滿，或者流於擔心煩躁，我只是觀察藏在那裡的東西。一旦焦慮感來襲，我就停下來觀察。要不是內觀禪修，我早就發狂了，因為我會擔心這個，又想解決那個。但這麼做只是在浪費精力。我已經從情緒噴發的火山中脫身。

用特定的方式付出注意力

若想獲得洞察力，我們就得運用特定方式來注意周遭的一切。喬・卡巴金（Jon Kabat-Zinn）博士開設了正念減壓（Mindfulness-Based Stress Reduction, MBSR）課程，是業界最佳、具有實證基礎的正念課程。卡巴金博士認為，正念意謂著「以特定方式付出注意力：刻意、專注於當下、不加以批判」。[53]

現在，我們來逐一檢視這項定義。首先是「刻意付出注意力」，這麼做表示你覺察到自己正在進行覺察。我知道這聽起來滿抽象的，如果你從來不曾冥想，以下的敘述可能難以理解。基本上，這是指將你所注意的人事物標記下來。就拿正念走路（或稱靜觀步行）這個簡單的行動為例子來說明。當你準備跨出那一步，可能注意到大腦正在對腿部傳達「抬高」的指令，你覺察到抬腿產生了鮮活的身體感覺、身體的肌肉收縮後又放鬆、衣服質地觸碰到肌膚的感覺、腳離開地面的感覺等等。但是，在你注意到上述事項時，也覺察到自己在行走時經歷了上述種種事項。你不光是意識到走路的行為，也覺察到自己正在進行覺察。你覺察到「自己在正念走路」這件事。

為什麼要有多一個層次的覺察？正如凱西．沃德所說的，若我們在注意之餘，還能加以了解，就會得到額外的好處。

比如說，你可能認為自己在彈吉他或揮網球拍時有發揮正念，因為你非常專注於當下。在某種程度上，你算是專心。你的心思放在當下，但你並未用正念的方式貫注心思。以這類情況來說，我會說你是處於心流（flow）狀態，而不是發揮正念。

根據心理學家米哈里・契克森米哈伊（Mihaly Csikszentmihalyi）的說法，當我們覺得愉快、有目的與意義，便是進入心流狀態。[54]當一個人進入心流狀態時，便是完全沉浸在活動中，忘卻時間和地點。我們正在接受適當的挑戰，正在做某件需要發揮能力的事（不棘手，但也不太簡單）。心流會帶來非常多的快樂，有益於心理健康。但正念會產生洞察力，使我們充分獲得益處（就如凱西和史帝芬所說的），但我們無法透過心流獲得這些益處。

其次，卡巴金為正念所下的定義中，也要我們先放下在每一次經驗中自然產生的判斷或批判。但其實這根本不可能做到。我們天生就愛評斷，總是在批判世界與自身的地位。你可曾閉上雙眼，傾聽周遭的聲響？試一次看看，你會發現自己很難避免下判斷，你會判定聲音的來源，決定自己喜不喜歡它。人總是不停地判斷，以便了解這個世界，當我們發現有危險時，就可以隨機應變。

換句話說，在現實狀況中，「不評斷」是無法達成的目標。但我們仍應該以此為目標。這個不去評斷或批判的意圖，將會促成洞察力，使我們得以擺脫機械化反應，培養敏銳度，從而做出更多基於正念的抉擇。

「不去評斷的意圖」與「新手心態」密不可分，而把自己當成新手，正是我們練習正念時努力培養的態度。這聽起來似乎違反直覺，你大概會想，要創造豐盛愉快的老年生活，就得運用全部的人生經驗。是的，在某種程度上你是對的，但面對現實吧，一路走來，每個人難免會染上一、兩個壞習慣或不當的信念，即使它在過去是個好習慣，如今也不再有益處了。

瑪喬琳來上我的正念課程時是六十四歲。她發現自己在上這堂課時，對每件事都要插手，而且覺得自己有責任解決每個人的問題。她知道這是因為她依然在扮演母親的角色，即使子女都已經長大成人，並且有了自己的孩子。而且，她不光是撫育自己的子女和孫子女，也想照顧住在同一條街的男人，她跟那個人根本不算熟識，更何況他完全有能力照顧自己。

把心力投注在別人身上，往往讓瑪喬琳賠上了身心健康。她透過新手心態，發揮好奇心，探究自身為何有某種行為，並問自己往後想要過什麼樣的人生。她開始問自己：「這件事跟我有關係嗎？」有時答案是肯定的，她的確想介入幫忙；但許多時候，答案是否定的，她便委婉地退出，把精力運用在真正重要的事情上。

抱持新手的心態，能幫助我們活在當下，並根據目前的經歷或生活體驗做出決定，而不是憑藉自己或他人的成見來採取行動。當我們日漸衰老，我們的能力每天都在變化，抱持新手心態更是重要。我們有順利的日子，也有不順利的日子；也許某天你覺得力不從心，隔日卻做得又多又好。用重新開始的態度面對每一天、每小時甚至每分鐘，我們就能運用正念做出決定。

現在你可能想問：如果你必須意識到內心的覺察，而且不加以批判，用新手心態注意每一件事物，這樣是不是會破壞心情，讓人無法樂在其中呢？怎麼可能幫助我們健康快樂呢？要是你只想放鬆，享受彈吉他、織毛衣或創作藝術的趣味，又該如何？要是你只想做衷心喜愛的事，暫時拋開腦中的念頭，又該如何？

去做吧！你一定找得到合適的時機和場合這麼做。我不會說，你要二十四小時都用正念覺察面對每一件事，才能把生活過好。我建議，當你邁入老年時，要多做喜歡的事，讓自己沉浸、放鬆。你不妨找某些時機或場合讓思緒漫遊，暫時不去想困難的事，讓自己進入心流狀態，花時間探索自己的內心。凡此種種都可以讓老化曲線向上。另外，我也邀請你培養覺察，認識到自己正在用哪種方式過生活，如此便可做出清醒的抉擇。

從抗拒到養成習慣

內觀中心的老師麥可對大家說，當你學著注意事物，加以標記（為它們命名），一開始會覺得有點不自然。當你有意識地決定要花時間和精力，為每一種經驗命名時，就得忍受乏味的過程。因此，我們必須逼迫自己反覆練習。但時間一久，它就會變成第二天性（習慣）。最後，我們會不假思索地注意和標記每一次經驗。

練習冥想也是一樣：一開始，你的身心會產生強烈的抗拒，覺得光是坐著觀察就很彆扭。保持靜止、什麼也不做，有違人的本能，也跟我們從小接受的教養背道而馳。某項不太尋常的研究顯示，為數眾多的人寧可接受輕度電擊，也不願意在空房間內待十五分鐘，什麼事也不做。[55]人們之所以會抗拒這種情境，部分原因是不知道會在內心看到什麼，因而感到害怕。

我的班上有很多學員在一開始都表示會害怕這一點。這份顧慮很有道理，因為正念是邀請大家面對每一件事，包括愉快和難受的事情。當我們發現各種念頭、情緒、身體感受全都攪在一起，很可能招架不住。經常有人在上過幾堂正念課之後，跑來找我抱怨說，他們現在腦中的念頭比先前還要多，但這只是因為他們現在才注意到這些念頭。這是正常現象，沒什麼問題。

有個訣竅是，要抱持自我同情去注意和標記這些念頭。此時，我們便可從「注意」跨越到「了解」。下一章會探討我們能夠對哪些類型的事物有所覺察，而這份理解會以何種方式讓我們更加健康快樂。

開始練習：為經驗命名

本章檢視了老化曲線向上架構的第二項基本技巧：標記它。我們檢視了注意力和覺察相互依賴、彼此滋養的關係。

重點如下：

- 訓練注意力有助於內心平靜，使我們看得更清楚。
- 對於心靈本質有所覺察，可以幫助我們控制注意力，並且專注更久。
- 在培養正念時，必須以特定方式付出注意力，包括：
  - 多一個層次的覺察：將某種身體感覺標記下來很棒，但若能同時標記你如何回應這種感覺則會更好。
  - 設立目標：迎接生活帶給我們的一切，不加以批判。
- 一開始要勉強自己為經驗命名，但時間一久就會變成習慣。

以下三種引導式冥想：「標記它：為經驗命名」、「身體掃描」、「正念動作」，可以幫助你練習本章提到的技巧。

如欲取得音檔，請掃描此處
QR code，或上網站：www.
ageingupwards. com

第 5 章

了解它：知道是什麼驅使你的念頭和情緒

大腦會誤導人類

「覺得口渴。想喝水。張開眼睛。找瓶裝水。看到瓶裝水。想去拿瓶裝水。伸出手。碰到。覺得它冷又硬。想拿起來。注意到別人在看。覺得被批判。製造噪音使我有罪惡感。拿起瓶裝水。注意到重量。感覺嘴唇碰到金屬。感覺口腔有水。覺得愉悅。」

上面這段內文是我在內觀中心閉關十日期間，所記下的內心想法。你是否曾經為自己做過的事、產生的想法及感覺，以及經歷過的一切加以命名？雖然這麼做很耗費心力，卻相當值得，將能使我們對於自身心靈和身體的運作，有更深刻的覺察。

本章將檢視老化曲線向上架構的第三項基本技巧：了解它；它也是迴路的最後一段。

對自身的了解可以分成三個部分，而且都有助於提升身心健康。本章會先審視是什麼驅使我們做出各種行為，之後兩章會帶領大家認識自我與「自我認同感」（第六章），以及我們的目的（第七章）。

我在內觀中心的老師麥可．赫爾默表示，注意與標記事物，使我們得以洞悉「生活的結構」和「生活的內容」之間存在著差異。生活中的許多事物都有其深層結構，並為我們的行動制定了規則。舉例來說，任何一種語言都有字母、具備意義的字，以及使文字組合在一起、產生意義的文法規則。而我們在這個結構內所說和所寫的東西便是內容。運動或戲劇也是一樣，都是先有規則，而我們有意識或無意識去遵守，然後在這個結構內加入內容。

我們的生活方式也有其深層結構，只是大多數人渾然不覺而已。我們長期沉迷於內容，想要了解這個世界，並且找到自身的位置。許多人可能以為自己掌控了生命的內容，像是我們如何思考、感受、體驗、行動，但其實內容受制於深層結構，而結構是由我們先天的頭腦、心智和身體所決定。

我記得，有一次去某個組織談論正念時，我覺得演講過程滿順利的，主辦單位也給我非常正向的回應。但後來我讀到某個人寫的意見，表示她和同事都覺得坐著冥想是在浪費時間，她認為她們原本可以用這段時間處理更緊急的事。我心中感到非常失望和難過。當時，我甚至在中場休息時間跟這個人一起喝茶，相談甚歡。為何她不喜歡我？但我之所以這麼在乎這個人對我的看法，其實可以從人類的結構來解釋：這是先天基因使然，要避免被社會排斥，以確保人身安全。我們極度渴求同伴的喜歡與關愛。

回顧這次事件，我現在知道自己是被內容困住了。我內心的思緒和感受起伏不定，猶如坐上雲霄飛車，但我對導致此情況的那件事根本無能為力；那時，我還不明白只要自己願意，隨時可以放下它，用不著介意。倘若那時我能夠看見潛藏在思緒和情緒底下的結構，便能了解這樣的起伏是被什麼所策動，也就能在意識到自己坐上這列雲霄飛車時趕緊下來。

若要看清這個結構，必須長期努力，不輕易放棄。但一旦你開始這麼做，一切都會截然不同，因為你已經看穿了簾幕後面的機關奧祕。我在內觀中心稍微窺見真相；那是心智上的極限運動：一連十日，你嚴格遵守每次四十五分鐘的冥想時間表（坐著或散步皆可），從清晨四點開始，晚間十點結束。只有基本的生活條件，不准跟外界溝通，既不能跟同伴說話，也不許跟外面的世界聯繫。不可以使用電話、電子設備、筆記本或書本。

內觀中心之所以這樣安排，是想幫助學員了解自己讓生活中充斥了什麼樣的內容，因此動不動就分心。透過這種生活方式，我體認到自己這輩子一直在逃避某些可能發生的痛苦；其實它們根本沒那麼可怕，但我卻花了那麼多時間和精神，竭力避免它們發生。

我發現，許多在內心縈繞不去的念頭，只不過是大腦或身體引發的感覺，目的是滿足天生的需求或出於本能的欲望。這些需求或欲望沒那麼迫切，甚或沒必要去實現。比方說飢餓。我以前經常擔心肚子餓，但在內觀中心那段時間，我只吃純素食物，甚至跳過晚餐不吃。你猜怎麼了？我沒餓死！沒錯，肚子餓是不太好受，但我體驗到，要是我不耗費精力去想自己少吃了一餐的事，飢餓對我就沒有什麼影響。我的身體很快學會與飢餓感共存，我也學會轉移注意力，一想到食物就去做別的事。

我還明白一件事：「每天只睡幾小時，清晨四點就要起床」的這個想法本身，比實際四點起床痛苦得多。我覺得最難的是忍受清早的寒意，但即使如此，我發現自己還是可以暫時忘掉不愉快的感覺，專心做其他事情。簡單來說，我體悟到我們花那麼多力氣去避免不舒服的感覺，但這麼做往往比不舒服本身更令人難受。

這份洞察力使我更加敏銳，知道某些時候內心升起的欲望或衝動，只是我的「石器時代穴居人」大腦設法保護我的機制。我知道自己為什麼經常會有害怕不舒服的念頭，也知道自己無須為此分心。至少在某些時候，我能夠做出有自覺的抉擇，任由它過去，消失無蹤。儘管我難免重複舊模式，卻不再像過去那樣老是受到生理狀況或社會條件的制約。展望未來，我相信只要持續練習，這份洞察力會幫助我健康快樂地變老，因為即使心智持續餵養我各種無謂的內容，我也不至於深陷其中。

認識到自己發明的習慣

我在教導青少年何謂正念時，經常請他們想像自己站在長草遍布的田野中。青少年的大腦結構正在重組，包括腦部物質快速成長、神經元形成新連結、修剪久未使用的神經連結。

每當青少年產生某個想法或做出某種反應（通常是聽過或看過別人這麼做），就是走向那片田野，在草叢間踩踏，創造出各種路徑。它可能是一條自怨自艾、充滿怒氣的路徑，底下的想法是：「大家都來找我麻煩。」但也可能是比較樂觀的路徑，當事人會想著：「人生難免有倒楣的事，但這次我也會挺過去的。」他們愈常走某一條路徑，那條路就會變得更寬闊平坦，直到它變成公路，成為他們在往後人生中會選擇通行的道路。

也許對你來說，青春期是很久以前的事，但你依然走在當時開闢出來的路徑。你知道有哪些路徑嗎？是否可以列出其中幾條路徑呢？這些路徑早已存在多時，而且走了那麼多趟，你可能根本就沒注意到它們，甚至可能誤將這些路徑當成事實。大多數人都以為自己的想法是事實，但真相是：大部分想法都是基於情緒產生的主觀判斷。[56]

好消息是，儘管大腦的神經可塑性會隨著年紀下降，還是有可能重新組織新的大腦路徑。正念可以幫助我們找出草叢之間常走的那幾條路，並且提出質疑，進而開闢更健康的新路徑。當你發現原本的老路行不通時，試著找一條新路徑走走看。持續一段時間後，你會逐漸習慣踏上這些新路徑。

正念生命力與老化課程的學員安娜，以往老是忽視自身的需求，但她已經改變了這個壞習慣。她說：「我很愛思考，但沒在聽自己說話。」那時她六十五歲，當她回顧成功的職業生涯，才發現「我一直往前衝，沒有感覺身體的需要」。她開始練習正念，將注意力從頭部轉移到身體，這才發現當她覺得疲累或乏力時，身體會發出各種訊號。現在，她每天早上固定做一組動作，再加上冥想，開始能夠感受自己身體的狀態，並依照狀態過生活。某些日子，她感到活力充沛，只想快快把事情做完，或者多和別人來往；但也有那麼幾天，她的身體和心希望休息，安靜思考。

我們年輕時抱持的某些信念，讓我們的生活過得很好，但這些信念未必適合我們目前的生活，因為身體和心靈可能吃不消。比方說，你四十歲時覺得連續健行七小時對身體有益，但到了八十歲，走上一整天可能會讓你累垮了。

正念能幫助我們傾聽身體的聲音，依當下的狀態進行調整。我有個六十五歲的學生茱斯塔說，她以前嚴格規定自己不准在白天睡覺，免得一整天都昏昏欲睡，到了晚上卻又睡不著。但某天在正念課堂上，她覺得非常疲倦，決定聽從身體的需求，休息十五分鐘。睡了十五分鐘後，她醒來覺得神清氣爽，整個下午都很有活力，可以從事真心喜愛的活動。結果她那一晚也睡得著。現在，她會聆聽身體的聲音，多方嘗試新的生活方式，不再死守年輕時制定的規則，即使這些規則早就深深銘刻在大腦裡。這麼做是明智之舉，因為適時休息有助於保持活力與身體健康，但對茱斯塔來說，傾聽並滿足身體的需求，也是疼惜自己的表現。

主要痛苦與次要痛苦

你正打算出門，卻不知道自己把鑰匙放到哪裡去了。這時，什麼樣的情緒會出現？可能是生氣或挫折感？你的腦中會蹦出哪些想法？可能會有解決問題的理性想法，諸如：「我最後一次看到鑰匙是什麼時候？看一下大衣的口袋好了。」但你可能會發現其中也有自責的念頭：「我真笨，為什麼老是忘東忘西？」這種念頭可能助長原先的憤怒或挫折感。若你花一點時間傾聽身體的聲音，大概會覺察這些情緒正透過某個身體部位表現出來：下顎或胸口緊繃？肚子痛？

通常會發生的情況是，我們的想法沿著某一條內在路徑前進。也許我們開始煩惱日後的事：「我為什麼一直忘記事情啊？開始失智了嗎？我祖母有失智症，我可能也會失智。要是我失智了，會怎麼樣？我要住在哪裡，誰會照顧我？」此時你可能注意到還有其他情緒，像是悲傷與恐懼。你的心靈可能對恐懼或氣憤做出回應，用各種難聽的話責罵自己：「又笨又老，沒腦子的蠢蛋。」你也可能把怒氣發洩在別人身上，好比邋遢的另一半，或是叼走鑰匙的狗。

現在，你已經讓自己捲入某種惡性循環，充斥著不快的想法、情緒和身體感覺，只因為鑰匙不見了。而且一旦你陷入這種循環，你的大腦根本沒辦法充分思考要怎麼找到那串該死的鑰匙。

「世上苦難多，但我們想方設法讓它變得更糟。」天敬禪師接受訪問時，笑著這麼說，並表示：「每個人都背負著人生的重擔。」但他也向我保證：「即使生活艱難，我們還是可以好好過日子。」若我們能夠分辨「目前發生的事」和「對發生的事所產生的感受」，就不會覺得身上的擔子很重。「不論我們的感受是什麼，都是對某個事物的感受，並非事物本身。」

循著天敬禪師的思路，那麼當我們對自身經驗運用某種注意力，就能夠分辨「感受」與「感受到這份感受」的不同，就跟我在前一章所說的「覺察到自己正在覺察」不謀而合。

世俗的正念教學將受苦分成兩種：「主要痛苦」和「次要痛苦」。主要痛苦難以避免，大多數人都遺失過鑰匙。「倒楣的事會發生」是滿刺耳的講法，卻是非常準確的形容：討厭的事難免發生，我們無從控制。次要痛苦是我們對於主要痛苦的反應，是我們陷入自責、用難聽的話罵自己，甚至開始擔心日後有非常糟糕的後果，讓自己活得膽戰心驚。凡此種種都是因為穴居人祖先的大腦刻意誘發痛苦，以避免日後陷入危險，但這種災難性的想法在現今世界裡派不上用場，毫無益處。

你可能聽過有人引用查爾斯・R・斯溫多（Charles Rozell Swindoll）

的話，大意是：人生中有十％是發生在你身上的事，而九十％是你對這些事的反應。我不確定這些數字是否有研究證據支持，但他要傳達的道理是：發生了什麼事並不太重要，重要的是我們做何反應。

接納與承諾治療（acceptance and commitment therapy, ACT）訓練師拉斯．哈里斯（Russ Harris）博士，請大家想像自己的頸後有一個「掙扎開關」[57]，而且它被預設成開啟狀態，這意謂著人一遇到不愉快的事，就會出於本能地掙扎、抵抗。可能某天早上醒來，我們會發現全身僵硬疼痛。掙扎開關開啟時，心裡也會出現反應，浮現以下的想法：「我有什麼毛病？」「終於發生了。人生從此完蛋了！」「為什麼我的身體不能像以前一樣？」「我該怎麼解決這個問題？」這些混雜的想法很可能讓你覺得自己洗了一場情緒三溫暖：難過、焦慮、氣憤，使你放大身體的疼痛，甚至使疼痛加劇。

你看出這種惡性循環了嗎？幸運的是，你可以關上掙扎開關，而且方法很簡單，只要在紛雜的想法、情緒、身體感覺出現時，予以留意，標記它們的存在，然後把注意力放在別的地方，就像我們在第四章練習的那樣。

你可以先別忙著尋找鑰匙，而是對自己說：「我弄丟鑰匙了，而且我現在注意到很多負面的自我對話，預期災難就要發生。接下來幾分鐘，我只要站在這裡，注意雙腳站在地板上。」等幾分鐘過去後，你可以繼續尋找鑰匙，此時你的心情已經平復，更容易專心。只要我們不用負面想法餵養情緒，糟糕的情緒一下子就會過去了。在哈佛大學接受訓練的神經科學家吉爾·波特·泰勒（Jill Bolte Taylor）表示，只需要九十秒，情緒就會過去。要是某種情緒停留超過九十秒，那是因為我們用想法去餵養它。[58]

心理治療學家維克多·弗蘭克（Viktor Frankl）在納粹大屠殺中倖存下來，他有一句名言：「在刺激和反應之間有個空間，你的自由就存在於那個空間。」[59]正念練習便是利用這個空間，當我們暫停片刻，仔細留意是什麼驅使內心的那股衝動、欲望、念頭或情緒。憑藉這份覺察，我們就能停止餵養惡性循環，並將不健康的內在路徑重新引導回正路，減輕次要痛苦（儘管是我們自討苦吃）。本書第三部分會討論該如何運用這份覺察，但在那之前，我們要先了解另一項重要的知識，只要多留意自身的感受或想法，加以標記，就能獲得這項知識：我們（認為）自己是誰，那是我們的自我意識。

開始練習：了解驅使內在衝動或欲望的成因

本章檢視了老化曲線向上架構的第三項基本技巧：了解它；這也是正念迴路的最後一個部分。我們具體檢視了驅使內在欲望或衝動的成因。

重點如下：

- 我們的想法、情緒和身體感覺，全都受到社會需求或先天決定的欲望所驅使（生命的結構）。若我們覺察到這些欲望，便可基於自主意識，決定是否要讓欲望或衝動主宰人生。
- 儘管大腦的神經可塑性會隨著年齡增長而下降，還是有可能改變內在習慣和信念。
- 「主要痛苦」是生命的一部分，無從避免，但「次要痛苦」是我們對於主要痛苦所做出的反應，為個人的選擇。

「練習注意它、標記它、了解它」和「暫停練習」皆是引導式冥想，可以幫助你練習本章提到的技巧。

如欲取得音檔，請掃描此處QR code，或上網站：www.ageingupwards.com

第6章

了解它：了解你的自我

我能夠改變自我嗎？

我祖母以前曾經去村裡的安養院當志工，她的說法是「看望老人家」。她已經年近九十，獨自住在一棟小房子裡。祖母去當志工時，會跟安養院裡的老人一起喝咖啡聊天。她不覺得自己跟這些人是同一類人，儘管她的年紀跟大多數人相仿。但不光是我祖母有這種感覺。某項針對老年態度的調查發現，三分之一年滿六十五歲的受訪者表示，覺得自己至少比實際年齡年輕十九歲，近半數五十歲以上的受訪者覺得自己比實際年齡小十歲以上。[60]

你呢？你覺得自己「老」嗎？也許只算是「中年」？要有多老才算是

「老」？無論社會加諸在你身上的刻板印象是什麼，你自己是否有不同的感受？

我問過許多人，大多表示覺得自己跟二、三十年前不一樣。我自己也覺得不同，有時看著年輕時的相片，會覺得那是另一個人。二十幾歲的我，會一連好幾天穿同一件被陽光曬到褪色的衣服，睡在滿是跳蚤、有點危險的旅館裡，只要能夠展開新的冒險、前往沒去過的地方、結識有趣的朋友就好了，不太關心舒適或安全與否。我真的還是那個人嗎？今日的我仍然喜愛旅行，卻更注重舒適和安全。你還是跟年輕時的自己一樣嗎？

撰寫本書時，我拿這個問題問了領英（LinkedIn）網站上的聯絡人，大家的反應都很激烈。顯然大家在年紀漸長之後，對自己的看法也變得不一樣。許多人都認為自己智慧增長，而且更寬容、更具同情心與同理心。

本章會繼續探究老化曲線向上架構的第三項基本技巧：了解它；尤其要檢視我們對於「自我」（或稱為「性格」，這兩個詞在本書中的意義相同）

的看法，會對自身的健康快樂造成何種影響。

過去很長一段時間，許多專家認定人的性格從小就定型，過了三十歲便難以改變。直到近年，我們才知道人的性格趨於變動，不論幾歲都有可塑性。[61]這個隨著年紀持續變化的過程叫做「性格成熟」（personality maturation），在世上隨處可見。

為何有這段成熟過程？它如何形成及演變？我們能夠影響它的走向嗎？我們能夠藉由改變性格，讓自己變得更快樂嗎？

若要回答這個問題，我們得先來一場小小的哲學巡禮，因為在探究「是否能夠改變自我」之前，必須先探索這項事物的本質。我們必須思考何謂「自我」，甚至「自我」這個東西是否真的存在？許多人接受過內觀中心嚴格的戒律後，最想體驗到自我的消解。你可能覺得奇怪，既然大多數人將自我視為人生最重要的事物，我們為何想從「自我」中解脫？

原因是：若你設法真正「看清」了「你並不存在」的真相後，便可以擺脫導致受苦的所有念頭，不再有「我」或「我擁有的人、事、物」，再也不必滿足內心的渴盼或依戀。對於死亡、疾病、苦痛，就變得比較容易因應，因為它們只是瞬息生命的事實，而非發生在「我」身上的事，就只是「存在」而已。

「自我不存在」的概念不易掌握，本書前言介紹了幾位具備更高層次正念的老師，由他們來傳授這個觀念會比較好。

儘管我尚未完全從自我中解脫，卻能看出「自我感」是由我自身所受的教養（包括社會上的人、環境和文化）建構而成。因此，我相信每個人不僅能夠脫離自己對於「我這個人」的理解，還能改變這份理解，繼而改變自身的信念和行為模式。

如何讓自己成為更快樂的人？

儘管一個人的自我感可能有所變化，但每個人都有主要的特質和價值觀，會在不同的情況下，表現出一致的思考方式、感受和行為。所以，我們究竟能對自己帶來多大的影響？我們的特質有多大程度是來自遺傳？而我們的性格跟從小所受的教養又有多少關聯？有些人生性陰鬱，另一些人則個性積極樂觀，難道純屬運氣使然？

迄今已針對這種現象進行相當多研究，但尚無定論。天性與教養孰重，是心理學界由來已久的爭議。

二〇〇五年，索妮亞・柳波莫斯基（Sonja Lyubomirsky）、肯農・謝爾登（Kennon M. Sheldon）與大衛・舒卡德（David Schkade）三名學者提出了長久快樂的模型，利用一張圓餅圖顯示讓人感到快樂的原因比重：五十％取決於基因，四十％取決於我們所做的事，十％取決於人生境遇。當然，這些數字引發許多爭議，就連研究者都對這項主張心存懷疑。[62]

事實是：我們身為什麼樣的人，展現出何種行為，是好幾股力量集結之後所造成的結果。或許快樂圓餅圖的數字不盡精確，但它所傳達的意義依然可信：儘管我們無從改變自身的ＤＮＡ，也不能抽換命運給我們的牌，仍然可以改變行為，讓自己更加健康快樂。

接下來的問題是：我們應該培養什麼樣的行為？

性格特質與身心健康快樂之間的關係

後設分析（meta-analysis，又稱統合分析）係對同一主題的數項科學研究結果，進行統計上的分析，目前已顯示人的性格特質足以預測他或她是否健康快樂，可視為重要因素之一。[63]大部分研究是以「五大」人格特質為基礎來進行分析，分別是：親和型（友善、具同情心）、盡責型（有責任感）、外向型（喜愛社交、有熱誠）、開放型（有好奇心、樂於接受新事物），以及神經質型（情緒不穩、易有負面情緒）。[64]

澳洲的一項研究針對年齡介於十八歲至七十九歲之間的一萬一千一百零

四名成人，進行為期四年的追蹤，發現了外向、盡責、親和的分數上升，人生滿意度也會增加；反之，神經質則與人生不滿足有關。荷蘭的一項研究針對一萬多名受訪者進行為期七年的研究，也獲得同樣的結果。這項荷蘭研究還發現了某個時間點的性格改變，足以預測日後的健康快樂指數。上述研究顯示出何者為因，何者為果。也就是說，並非過得健康快樂影響了一個人的特質，而是一個人的特質造就了他是否健康快樂。[65]

有趣的是，大量文獻指出「性格外向」強烈預測了一個人的健康快樂狀態，[66]但也不是說內向的人注定一輩子不快樂，畢竟其他特質也同樣重要。近期某項國際研究對此進行擴充，除了五大特質，還納入其他眾所周知的重要面向，建立更廣泛的性格剖析，以提供更細微的觀點。研究團隊發現，以下幾種人格特質最足以預測個人的健康快樂狀態：

- **熱忱：和善、喜愛社交、擅長表達情緒，並且享受人生。**

- **勤勉：具成就導向、自律、有效率、有目的、有能力。**
- **同情心：感受到他人的情緒，關心他人是否健康快樂。**
- **求知欲：樂意接納新想法、喜愛深入複雜地思考、經常從經驗中獲得感悟。**
- **不易退縮：不輕易打退堂鼓或覺得被壓垮，不沉湎於過往，非常有自覺。**[67]

這五點可視為對五大特質的補充，其研究成果建立在過往研究的結果上，並無矛盾。此處的重點是，儘管通往健康快樂的路徑不只一條，但某些特質對於個人的健康快樂有很大的影響，的確值得培養。那麼，我們要怎麼培養這些特質？

如何增長年歲的智慧，而不只是變老？

好消息是，隨著年紀增長，我們的性格會自然出現積極正向的變化。普遍的刻板印象是老人家脾氣差又愛抱怨，但研究已經顯示，當一個人邁入老年後，會變得更加利他、願意信任人、更善於克制情緒，[68-70] 恰好與前文中能夠預測健康快樂的特質不謀而合。此一發現可以解釋快樂曲線的道理，說明了我們為何愈老愈快樂。

目前認為，某些人格上的改變和我們在社會上的角色轉換有關。社會投資理論（social investment theory）支持這種說法，該理論認為人的性格會受到社會環境與人生事件的影響。譬如年輕人進入壯年以後，由於承擔了更多責任，變得更和藹、更認真。

儘管針對這項理論進行的研究主要以年輕人為對象，還是有許多跡象顯示社會投資有可能持續影響老年人的性格；每增加一歲，我們就變得更和藹可親、更認真負責，情緒也更加穩定，但有意思的是，老年人也會日益內向。[71]

遺憾的是，並非每個人都會有正向的人格改變。那麼，如果你不喜歡鏡中那個白髮的傢伙，想要培養幾種有助於健康快樂的特質，可以做些什麼呢？這時就要再次請冥想和正念出場了。

丹尼爾．高曼與理查．戴維森[72]在《平靜的心，專注的大腦：禪修鍛鍊如何改變身、心、大腦的科學與哲學》（*The Science of Meditation*）一書中指出，大量研究顯示不同類型的冥想會對大腦產生不同的作用，因而對我們的行為產生不同的效果，（最終）形塑我們的特質。

我在前面幾章談到幾種有助於提升注意力與覺察的冥想方式，另外幾種冥想則著重於培養對自己和別人的同情與寬容，而且，同情心和寬容不僅能夠預測一個人健康快樂的程度，也經證實有助於延緩生理老化。[73]

高曼和戴維森指出，如果要像佛教僧侶一樣，能夠透過腦部掃描來發現那些已改變的表徵，就必須勤於練習。但你也無須氣餒，因為兩位作者發現，即使一天只做幾分鐘冥想也有益處。換言之，我們花愈多時間練習某種冥想，它就愈能夠形塑我們的性格。

當然，光是在冥想坐墊上練習是不夠的，我們也得在現實生活中練習新版本的「那個我」才行。（如同第三章所說，我們得做正式及非正式的注意力訓練，即正念。）前文提過，長期堅持下去，就有可能在大腦中開闢新路徑。

有一次，我立志要更有耐心，於是在每天冥想時對自己默誦短句：「願我有耐心。」一段時間之後，這個短句悄然進入我的生活。每當我發現自己面臨考驗時——通常是青春期子女惹我生氣——就會聽見內在聲音提醒我要有耐心，要在做出反應前先停一下。然後，我就會想到他們正在發育的大腦受到大量多巴胺的激發，很容易忘記說過的承諾，甚至會做一些蠢事，接著，我能夠用比較好的方式回應，以避免爭吵。我承認，如果你問我的子女，他們大概不會說我具備耐心的特質，但我正在朝這方面努力，每天都有進步。

每個人都可以選定幾項特質，用這種方式來改善，使自己更加健康快樂。培養同情心、好奇心和合群的心態，是有科學實證的幾個例子，你不妨試試看。

本章的標題刻意寫成「你的自我」（your self），而不是「你自己」（yourself）這個單字。「你自己」（yourself）或「我自己」（myself）通常是指你我注定成為或等著被發現的那個「永遠的自己」；反之，「你的自我」（your self）或「我的自我」（my self），讓「自我」（self）從你我本身脫離出來，成為你我每天跟世界互動時，時時創造及調整的某件事物。

我們老是問自己：「我是個什麼樣的人？」或者用「嗯，我個人就是這樣。」來替自己的不良習慣開脫。某些人生教練和心理自助書說，他們能夠幫助我們「找到真實的自己」或者「找到方式成為最好的自己」。但諷刺的是，一旦我們秉持好意，出發去「尋找自己」，不正是在說我們有所欠缺，必須非常努力，以成為預設版本的自己嗎？

若我們能夠抱持接納和自我疼惜的心態，與現在的自己相見，又會如何？我們不再「尋找自己」，而是努力接納自己，同時承認我們正在持續創造我們的自我。

我建議你別再問：「我是個什麼樣的人？」而是改問：「我想用什麼方式投入生活？」若你抱著新人的心態，就可能決定要培養那些適合自己眼前生活的好習慣與正向的人格特質，並且克制使我們受苦或飽受箝制的壞習慣。我們的自我既非僵化，也不需要尋找，而是具備可塑性。

此外，這個你一手創造的自我，必須與人生中的重要事物和個人價值達成一致。接下來，我們就要探究這個部分。

開始練習：對你的自我進行覺察

本章繼續檢視老化曲線向上架構的第三項也是最後一項基本技巧：了解它。我們具體審視了我們的自我，它既非固定不變，也無須尋找，而是我們能夠主動創造的事物。

重點如下：

- **多項研究已經發現，某些特定的人格特質可以幫助我們更加健康快樂，包括熱忱、勤勉、同情心、求知欲、不易退縮。**
- **我們可以透過正式及非正式的正念練習（見第三章），刻意培養特定的行為（思考）模式。**
- **社會投資理論表示，人的性格會受到社會環境與人生事件的影響；因此，隨年歲增長，人的性格特徵也會發生變化。**
- **若想讓自己更加健康快樂，不必「尋找自己」，只要接納自己，選**

擇喜愛的方式投入生活，持續創造自我就可以了。

「探索我的自我」和「找出適合我的短句」這兩種引導式冥想，會幫助你練習本章提到的技巧。

如欲取得音檔，請掃描此處QR code，或上網站：www.ageingupwards.com

第7章

了解它：了解你的人生目的

找出一個人生的目的

「你退休時可能覺得教練是滿吸引人的工作，但你很快就發現它不會給你幸福的人生。」這句話出自七十八歲的荷瑪—喬西．布葳格思（Herma-Joze Blaauwgeers）之口，她身兼教練、作家、部落客多重身分。她勸大家積極投入生活，而且要盡早找到自身的核心價值，亦即能夠留給後人的重要遺澤（或遺產），最好在退休之前就找到，如此一來，它便可引導我們邁入人生的新階段。

你的重要遺產未必要跟專業有關，例如，布葳格思只希望自己做個「與眾不同的思考者」，讓她有重要的東西貢獻給世界，同時也讓自己的人生有意義。

本章要繼續探討老化曲線向上架構的第三項，也是最後一項基本技巧：了解它。我們會具體檢視，一個人的人生目的對其健康快樂的狀態，代表了何種意義。

柏拉圖為「人」（man）（或更謹慎的用詞是「人類」〔human beings〕）所下的定義是：「尋找意義的生物。」對每個人來說，明白自己在世上的位置，極為重要。因此，探討各年齡層的快樂和幸福感的研究一再顯示，「人生有目的或意義」將會在許多方面提升我們的幸福感。

某項研究針對七千三百零四名五十歲以上的男女進行調查，發現一個人愈是覺得人生有意義，對自己的人際關係和社會參與的評價就愈高。這些人較少感到孤單，累積更多財富，自認為擁有較佳的身心健康，較少有慢性疼痛或失能，上肢更有力量，走路較快，較少有病態肥胖，生活方式更健康（包括較常參加社交活動、花較多時間運動，較少獨處或看電視。）此外，在各種客觀的健康測量結果上，這些人的生物標記（或稱腫瘤標記）資料更為有利。[74]

研究結果清楚地顯示：若要人生保有意義和目的，我們必須積極投入生活，才能達成這個目標。這是面對老年的新做法。

一九六〇年代，每當談及老化時，重心大多放在衰退或依賴。一九六一年，社會科學家伊蓮．康明（Elaine Cumming）與威廉．亨利（William E. Henry）便注意到，長者較少從事以往覺得有意義的活動。兩人在《變老》（*Growing Old*）一書中概略介紹了「撤退理論」（disengagement theory），表示老年人從社會中撤退是相當自然也可以接受的行為，因為他們認為自己今後不太能有所貢獻了。[75]

不過，這項理論並未有足夠的實證證據支持，很快就遭到否定。兩人繼而提出了「活動理論」（activity theory）來回應批評者的說法，表示積極參與活動、經營人際關係，是達成健康老化的最佳途徑。[76]

現今，這兩項關於老化的理論同時存在。許多人將「老年」和「不夠積極的生活」聯想在一起，也有人將老年視為追求個人興趣的好機會。曾有一名女性在我的領英網站貼文下方留言，說她不太好意思說自己已經退休，覺得「退休」兩字變成了髒話。我明白她為何有這樣的感受，因為「退休」一詞強烈暗示了退場，彷彿自己被晾在一旁，價值崩跌。長壽革命猝然來臨，傳統的生活模式已不再符合現今社會的人口型態。

積極行動和單純活著之間的平衡

我們似乎徘徊於兩種典型模式之間，也難以採用公正允當的詞彙來描述我們目前渴望擁有的生活。典型的三階段生命公式：「學習、謀生、退休」，並不適合套用在所有人身上，每個人都應採用揉合上述元素的新方式，找出新道路；根據自己的能力，持續達成目標、賺錢謀生、適時休息，不停止學習。

現今社會關注工作與生活的平衡，但我認為大家應該致力追求的平衡是：滿足一天之內的各種需求，從而達成人生的平衡。長期以來，人們總以為自己可以在人生上半場不停歇地工作，等到退休後再好好睡覺、休息。我希望長壽革命能夠催化出更好的平衡，使我們在人生上半場稍稍放慢腳步，從而避免過勞或太早耗損身體健康。

臨床心理學家保羅．吉伯特（Paul Gilbert）[77]表示，人類受到三種情緒系統支配：一、威脅情緒系統，它讓我們覺得有危險，想方設法要尋求保護；二、動力驅動情緒系統，它讓我們努力達成目標；三、安撫情緒系統，它讓我們放鬆休息、療癒修復、給予愛或接受關懷。

在工作坊中，我有時會把這三個系統的名稱寫在大張圓形紙片上，將紙片排成三角形，放在地板上，請學員挑出目前支配他們的情緒系統的圓形紙片，站在那張紙片上，抑或站在兩張紙片之間。接著，我會請學員思考，他們最希望由哪種情緒主導人生。結果，只有寥寥幾個人希望完全由其中一種情緒系統主導生活。

一味避免危險或努力追逐成功，就會讓我們焦躁或備感壓力，但過多的安撫易使人怠惰，活得興味索然。大多數學員希望達成三種系統之間的平衡，但每個人的偏好與比重都不一樣。

我們最有效的擊球區，落在這三者之間的某個區塊，我們可以在這個區塊找到自身精力、需求和欲望之間的平衡。我們也可以從這個區塊出發，設法找出人生的目的，同時仍有餘裕退一步思考。我認為，這個區塊為充滿活力的生活奠下基礎。

為長壽增添活力

活力（vitality）是區別生命與非生命的特點。活力並非年輕人的專利，因為它不限於體能或精力，還包括了諸多心理特質，舉凡內省、熱忱、韌性（承挫力或抗壓性）、有人生的目的（使命感）、自我疼惜和精神。[78]一個人若具備上述特質，即使邁入高壽，依然會感覺年輕。這是極其主觀的生命體驗。

我的母語丹麥語中，有個近義詞「livskraft」可以翻成「生命力」。東方文化中也有「生命能量」的概念。在中華文化中，「氣」是指一股力量或能量，一般相信健康有賴於「氣」保持暢通。換言之，有活力表示一個人沒失去內在的那股動機；有動機，人生才值得活。因為有動機，即使我們身體不適或心情不快，依然每天早晨起床。因為有動機，無論有什麼困難、苦痛或身心障礙的狀況，我們都有活著的感受。

前文提過的兩位教授，魯迪．韋斯滕多普和法蘭克．沙維奇認為，若大家想讓老年人過著更加健康愉快的生活，光是預防老化相關疾病，設法追求健康的高齡人生，仍然不夠；我們還得幫助老年人更具力量，為高齡人生最後幾年的生活品質負起責任。這兩位教授為「活力」下的定義是：「一個人有能力訂立符合人生現況的目標，並且能夠加以實現。」[79]我滿喜歡這種務實的方法，但要訂立適當的目標之前，必須先充分了解自己，同時掌握自身人生的目的。

英文的vitality（活力）一詞中，內含vital（重要）之意。為了保持活力，我們必須跟生命中的重要事物連結。每個人都必須找出人生中的重要事物，但重要的事物可能隨著人生階段而有變化。我曾在第二章以鈍掉的菜刀為例，說明就算我們無法沿續年輕時代的生活方式，依然能夠找到其他維持活力的方式。我們可以透過「注意、標記、了解」的迴路持續保持覺察，確保自己能根據人生現狀，訂立恰當的目標，而非因循過往的做法，不知變通。

你知道是什麼讓你的心哼唱喜悅之歌嗎？是什麼讓你活得興致勃勃？也許你很難為「活力」或「生命力」下定義，但你能夠感受到某人有活力，若你目前的生活欠缺活力，你也一定會感覺到。有活力，才會有成功多彩的人生，否則只是苟延生命而已。你可以藉由努力實現自身價值，釐清你在人生中最重視的事物。

了解自身的價值觀

每個人都有各自的價值觀。個人的價值觀並無優劣之分，只是彼此的價值觀可能大相逕庭。有些人想過著愜意、穩定又安全的生活，另一些人在冒險犯難時更會茁壯成長。價值觀本身無法帶來快樂，但當你依照自身的價值觀過生活時，才可能有幸福。

荷瑪—喬西．布葳格思的價值觀之一是「相信」。即使目前的情勢十分慘澹，依然相信事情會好轉。她童年的陰影來自於失去父親；她父親是荷蘭抵抗運動的一員，在運動發起那一天遭到處決，而她母親在半年後生下了她。她從小就缺乏父親的關愛，全家籠罩在愁雲慘霧中。但她卻很早就做出有自覺的抉擇：絕不讓喪父對自己的人生造成負面影響，反而要讓父親的勇敢鼓舞自己。她經常告訴自己：「我決定要成為堅強的女性。我深信人生會好起來的。就這樣！」覆誦這句話，幫助她多次度過難關。

大多數人並不了解自身的價值觀，因此也不知道自己是否依據價值觀過生活，直到感覺不對勁才陡然醒悟。

以艾格妮思（Agnes）來說，她大半生在世界各地的戰亂地區當護理師。六十七歲那年，她覺得身體不太吃得消，子女也都勸她該退休了，她便在阿姆斯特丹的近郊找到一間不錯的房屋，跟他們住得很近。

一開始，艾格妮思滿喜歡這種安靜穩妥的生活，也喜愛陪伴孫兒、孫女。但她很快就覺得乏味，變得消沉，使她渾身疲倦，早上不想起床。她很想再去冒險，以及像從前的自己那樣，有能力使世上不幸的人過得好一些。當然，她覺得從旁協助生活忙碌的子女和孫兒女，也算是生活的目的，但她的心無法唱出喜悅之歌。這是別人替她認定的人生目的，而她想要參與更大的事。

經過一番深思熟慮後，艾格妮思領悟到自己並未按照自身的價值觀過生活，才會覺得日子乏味。她幾經掙扎才鼓起勇氣告訴子女，以後不能再像以前那樣協助他們處理生活大小事；此外，她也跟一家位於荷蘭的非政府組織聯絡。

如今，她為非政府組織的志工提供諮詢，建議這群志工在照顧他人的同時，也照顧好自己。她的健康狀況或許不比在戰區服務時那麼好，但她覺得自己仍是社群的一分子，對她來說，真正重要的是能夠做出貢獻。

最重要的問題

當我們跟艾格妮思一樣發現自己身不由己，被迫過著目前的生活，自然會開始思索活在世上的意義，想弄清楚自己想從短暫的一生中得到什麼。

請問，在你臨終時，希望自己說出以下哪一句遺言？

「我享受過人生了！」

「我讓世界變得更好了！」

「多棒的旅程啊！」

長期以來，有關快樂／主觀幸福感的心理學研究，基本上仍採用二分法，將幸福感分成兩種：享樂型幸福感與潛力實現型幸福感。前者是指追求個人的滿足，而這份舒適愜意要透過金錢、時間和人際關係來達成。後者是指有意義的人生，努力達成符合道德原則的目的和意義，對社會有所貢獻。基本上，這是要在樂趣和意義之間做出選擇。

二〇二一年，學者大石茂弘（Shigehiro Oishi）與艾琳・韋思蓋特（Erin C. Westgate）提出了構成良好人生的第三個面向：心理上的豐富。[80]其目標是要透過充滿興趣與好奇心、富於變化的人生來累積智慧，並且需要以時間、精力和自動自發的態度來過這樣的人生。當我們逐漸變老，一定會被迫因應挑戰與轉型，或許這種人生是最值得老年人追尋的？

不過，大多數人不會主動選擇第三個面向。來自於九個國家的三千七千二十八名受訪者被要求從三種人生中選擇一種，大多數受訪者選擇愉快的人生（各國的百分比不一樣，從四十九・七％至六十九・九％），有意義的人生居次（從十四．二％至三十八．五％），最少人選擇心理上的豐富（從六．七％至十六．八％）。[81]

值得慶幸的是，我們無須二擇一，可以同時追求三種人生，享受每種人生一小部分的美好，也許在不同的人生階段專注於不同的面向。

重申一次，我們的偏好跟性格及價值觀有很大的關聯。你喜愛穩定舒適，抑或在有挑戰的環境下更容易成功？要醞釀美好人生，並非只有一種配方；而且只要運用時間和空間，盡情探索對我們而言重要的事物，每個人都將從中獲益。還有一點要牢記：除了上述三種面向，說不定還有其他科學家尚未指出的人生面向。

我想提出構成美好人生的第四種面向：靈性上的豐富。當我們面對親人離世，接近生命的終點時，自然會想問自己一些更重要的問題：「人生的意義是什麼？」或「我們死後會怎樣？」研究證實，隨著年歲增長，我們會對宗教或靈性活動更有興趣。[82]柏拉圖曾寫道：「肉眼的視力衰退時，靈性的視力卻提高了。」[83]有極多證據顯示，靈性和身體健康及幸福感息息相關，[84]如此說來，以第四項面向為目標應該是不錯的選擇。我們臨終前說的話也可能是：「我更有智慧了！」

豐富的靈性生活似乎是某些年長人士追求的目標。瑞典籍社會學家拉爾斯・托恩斯坦（Lars Tornstam）發展出gerotranscendence，即超越老化理論，這個字是由gerontology（老年學）的「gero」和「transcendence」（超越）所組成，指出他觀察到某些老年人表達出新想法，「超越了早年的界限和藩籬」。[85]

托恩斯坦進行了數項大型的量化研究，隨機訪問一群年齡介於二十歲至一百零四歲的瑞典人和丹麥人，了解受訪者對於人生、自身和人際關係的看法。他發現，超越老化的現象和年紀有正向關聯。儘管並非每個人都顯現出所有跡象，但他發現了一群超越老化的老年人，對於以下三個方面培養出新的理解：一、自我；二、與他人的關係；三、大自然、時間和宇宙的宏觀層次。[86]

此項研究的結果，符合他早年所做的一項研究，其顯示介於七十四歲至一百歲的瑞典籍受訪者，有六十五%贊同以下這句話：「和五十歲時相比，現今我從內心世界（即思考）獲得更多喜悅。」[87]

這樣看來，活力、人生目的和意義，未必要從外在活動中尋找。我母親近日有個體悟。以前，她看到我外婆只想整天待在家裡，就忍不住氣惱。我母親會花一個早上為兩人稍後出門做準備，像是煮咖啡、做午餐、裝好野餐毯。然後她開車去接我外婆，卻聽到我外婆說寧可待在家裡吃午餐。現在，我母親已經七十多歲，總算明白為何她母親那麼不願意出門。這些日子以來，她只喜愛在自己舒適的家中摸東摸西，編花圈、閱讀、寫作、蒔花養草，就只是思索人生。但這並不表示她沒有成功老化。許多人滿腦子只想著活動，卻忘記了每個人通往活力的道路各不相同。

聚焦於「我們」

「在你死去之前，請好好活。」

我向天敬禪師請教「該為變老做些什麼」時，他引用了日本禪宗大師北條先生（黑田禪師，通常被稱為北條先生）所說的話。他表示，如果你覺得自己這一生已經完成了某件事，對世界有所貢獻，就會比較容易面對死亡。

天敬禪師也提醒我們，在「死亡」這個詞上，我們並不孤單。他說：「我們生來就是一個團隊。」在這個團隊內，每個人都被賦予一項目的，而且每項工作都很重要。他以醫院的運作為例：「不可能每個人都當醫師。總有人要接下擦窗戶的重要工作。」再者，我們的人生目的也可能改變。隨著世上的需求和我們本身的能力有所更替，我們的人生目的也會改變。

在結束本章之前，我得特別提醒以下這一點。每當我們談論尋找人生的目的時，它很容易變成我們自我膨脹的藉口，因為許多人希望做一番大事，在歷史上留名。但若我們活著並非為了實現自身的需求，而是要滿足世人的需求，又該如何？或許在尋求人生目的時，每個人都需要保持謙卑，聚焦於「我們」，而非「我」。矛盾的是，聚焦於他人的需求，卻可以幫助我們找到自身的快樂。

前文提過，將某物給某人一定會讓你感覺很好。即使我們的體力和認知能力都下降，仍然是團隊的一員；只要一息尚存，我們就能付出，並且實現人生的目的。活著本身就是目的。

現在，我們已經檢視了造就活力人生的三項互有關聯的正念基礎：注意它、標記它、了解它。一旦我們自然且持續進行正式與非正式的正念練習，完成此一迴路，便會發現它帶來了自由。

有自覺地決定將注意力放在何處，培養覺察，將使我們有自由和能力，以彈性且有益的方式來因應人生。正念猶如堅固的鷹架，使我們得以充分擁抱人生，而非依照慣性日復一日地活著。

那麼，我們有了覺察之後該怎麼做？我們該如何擁抱人生？本書的第三部分會針對這些主題進行討論。

開始練習：對人生目的進行覺察

本章繼續檢視了老化曲線向上架構的第三項也是最後一項基本技巧：了解它！我們具體檢視「了解你的人生目的」。

重點如下：

- 擁有人生的目的，攸關一個人是否健康快樂，也讓我們的身體更健康，活得更久。
- 有個方法可以確保我們終其一生都有目的：設法在學習新知、賺錢謀生與休息之間達成更好的平衡。
- 「活力」一詞是指每個人內心的「生命力」，無關年齡或體能。我們可以針對現況訂立合適的目標，以此獲得活力。
- 若要過有活力的生活，每個人都得明瞭人生中的重要事物是什麼。了解自身的價值觀，依循這個價值觀過生活，才會健康又快樂。

- **每個人都可以透過不同的方法獲得活力。有些人重視外界的活動，也有人更喜歡內在的靈性思索，就如超越老化理論所述。**
- **所謂的目的，不一定是偉大的事，可以只是為自己及他人活著。**

「為生活找到熱情」這個引導式冥想，可以幫助你練習本章提到的技巧。

如欲取得音檔，請掃描此處 QR code，或上網站：www.ageingupwards.com

PART 3
擁抱它！

畢竟，一旦下起雨來，

我們所能做的也只是讓雨落下。

——〈詩人的故事〉（The Poet’s Tale）

亨利・華茲華斯・朗費羅（Henry Wadsworth Longfellow）

第8章

選擇健康的心態

「我沒辦法出門購物，因為我有乳癌。我不能去看朋友，因為我有乳癌。我也不能……」

還記得上一章提到的荷瑪—喬西嗎？她向我提起一個朋友的故事，在此以化名稱呼她為蜜莉安。蜜莉安以往只看到生活中的負面事物，當她確診乳癌時，發現自己有太多事都不能再做了。荷瑪—喬西想到一個幫助蜜莉安轉變心態的辦法。

當時荷瑪—喬西住在美國，寄了一張從荷蘭飛往美國的機票給蜜莉安，邀請她參加一項相當費力的慈善步行活動：為乳癌而走。蜜莉安答應了，於是兩人開始做準備，確保自己體能充沛，有辦法應付挑戰。結果，這場步行的確是一項挑戰，但這是對荷瑪—喬西來說，對蜜莉安而言卻不是！蜜莉安在那場步行中健步如飛，完全不像生了病。

「但是，她輸了這場爭論！」荷瑪—喬西露出得意的笑容說：「現在只要她又開始振振有詞地說，自己為何無法做某些事，我就拿那場步行活動的照片給她看，她只好承認自己還是能夠盡情生活。重點是你怎麼想，也就是你的心態。」

這個故事充分說明了我們選擇將注意力放在哪些事物上，會帶來多大的不同。我們是將注意力放在自己做不到的事情上，還是那些我們能做到的事？第九至十一章會談到我們的態度、觀感或看法、看待事物的方式，亦即我們的心態，也就是思維模式。既然我們能夠訓練注意力，當然也可以練習培養態度。

前文提過，首字母縮略字 eMBrACe 反映了老化曲線向上架構的四項特質。M、Br、A、C分別代表了四種有益的方式，幫助我們從正念迴路中培養對於生活的覺知，使我們積極回應人生中的一切，擁抱老年生活。

「MBrAC」的前後都有「e」，被「e」包圍，不光是為了構成「embrace」（擁抱）一字，也是為了讓大家看到，我們都能夠透過「注意、標記、了解」這項練習，持續不斷地調整自己的態度，用更積極的方式回應生活中發生的事。

本章先談「M」，即心態或思維模式。本章將概略介紹為什麼一個人有意識地選擇看待人生的觀點，以及面對人生的態度，會影響到個人的健康快樂。

接下來兩章，我會具體介紹兩種對我們有益的心態。第九章會討論「Br」，即培養寬度（Broad）的眼界，因為透過宏觀角度看待事物，會使人更加健康愉快。第十章則主要探討「A」，即「關愛」（Affection），因為抱持著有愛、同情與共通人性的心態，會使我們和周遭人們的生活都更加美好。最後，「C」是指致力於（Commiting）努力適應，是第十一章的主題，主要討論採取主動的方式，積極適應老年生活。

你的心態很重要

無論你覺得五十歲以後的人生會比以前更好或更壞，你都沒說錯，因為我們會變成自己所想的樣子。我們的觀感不僅攸關自己的身心狀態，也對壽命產生巨大的影響。

我們在一項研究中詢問了六百六十名五十歲以上的人士對於老化的觀感。二十三年後，我們將受訪者的回答和死亡數據進行比對，結果發現到相較於持負面態度的人，對於老化持正向看法的人多活了七．五年。[88]

流行病學教授貝卡．利維（Becca Levy）是執行這項研究的人員之一。

後來，她出版了一本書，提到許多不同的研究都顯示，以往人們認定記憶力喪失、聽力衰退、心血管疾病等健康問題，完全是老化所致，但其實對於老化的負面信念也會影響健康。她提出了有力的證據，證明「一個人怎麼想」會影響到他或她的生活。[89]

以壓力為例

我們因應壓力的方式便是絕佳的例子，能夠說明為何你的觀感或看法很重要，若能轉而選擇正向觀點，對於我們的健康愉快有莫大的助益。

你可能沒料到談老化的書會提到壓力，也可能以為人到了一定的年紀，就不用像倉鼠一樣在滾輪上跑個不停，有資格喘口氣、休息一下，再也不必整天工作，奮力達成目標。有些人可能是這樣，但大多數人並非如此，因為人就算不工作，也可能有壓力。

人在生活中遇到困難時，壓力便會油然而生，那是自然的感受和反應。

老化會帶來許多困難，因此在老化過程中難免會有壓力。

顧名思義，正念減壓課程的其中一項目標是減輕壓力。不過，課程中有個看似不合理的重點，那就是：我們該擔心或設法擺脫的，並非壓力本身，而是我們自身的反應。

感受到壓力是一種天賦。人類早就已經培養出面對壓力的保命機制，有時這也稱為「戰鬥、逃跑、僵住反應」。一旦我們覺察有危險，身體就會產生反應，使我們得以逃脫、迎戰或對付可能襲擊我們的外來物。

當然，現代人極少遭到猛獸攻擊，但仍可能覺察到危險，只是危險的類型變得不同：「我說錯話了嗎？」「我會被踢出團隊嗎？」「我的胃為什麼會痛，是癌症嗎？」

人類的大腦演化至今，尤其是前額葉皮質的發展，使我們更善於想像各種危險。這就表示人體系統很容易被觸發去對壓力產生反應。不論壓力源是一隻熊，還是上司、朋友、身體上的疼痛，抑或是對未來憂心忡忡，均無分別。

當我們長期有壓力，持續做出反應，並且沒有時間餘裕從壓力中恢復，問題就出現了。壓力可能對身體有害，甚至會致命。慢性壓力可能嚴重危及健康，導致憂鬱症、焦慮、高血壓、心律不整、心臟病，以及中風。一般認為心理壓力不光是效仿老化效應，也會加速老化，尤其容易傷害到我們的免疫系統。[90]

學員來上正念減壓課程時，會學著辨別自身面對壓力時的本能反應，同時試著讓自己停止想像糟糕的後果，便可以減少這類反應發生。就像我們在第三至第七章練習「注意、標記、了解」的正念迴路一樣。

換言之，正念教導我們在面臨壓力時改變注意力。別將眼前的壓力視為必須迴避的事物，而是將它看成生活中的一環，而且我們有力量以平靜愉快的覺察來回應，好比說暫停片刻，專心地一呼一吸等等。

我發現，參加正念生命力與老化課程的學員也培養出這種技巧。我曾對多位學員進行研究，經常有人說正念給了他們重新設定的機會。每當他發現自己又陷入煩惱時，就會靜坐一會兒，平復心緒，再重新開始。

重新建構對於老化的觀點

還記得我在第四章鼓勵大家用特定方式注意當下嗎？但談到設法解決壓力，光是注意和標記各種緊繃焦躁的感覺還不夠，還需要注意和標記你在當下是如何回應的。很多時候，我們的問題不在於問題本身，而在於思考問題的方式。老化也是一樣；大部分時候，老化不是問題，我們對於老化的想法才是。

世界如此複雜，而人類為了減少混淆，同時保存有限的腦容量，大腦會不斷地自動嘗試將新的經驗與既有信念掛鉤，以此來了解世界。但這些早已經存在的掛鉤，可能不再對我們有益（也許始終沒有益處）。此外，儘管我們認為自己是理性的人，但實際上，人的心智極可能依據各種與生俱來的偏見（消極偏見只是其中之一）和目前的情緒來做決定。[91]簡言之，我們對於這個世界和自身在其間的位置，未必抱持著正確的信念；我們的心智不一定能夠幫助我們做出好決定。

正向心理學（positive psychology）是晚近新興的心理學支派，它承認並活用人類靈活的心智，目的是讓我們減少注意自身的弱點和問題，以戰勝消極偏見。正統心理學聚焦於不太對勁或造成痛苦的事情上，但正向心理學著重於那些促使我們活得更豐沛的力量、態度與行為，而且不會忽略我們也會經歷的困難和痛苦。

如同前面幾章所說，許多研究都顯示正向的心智使人更具韌性，擁有更多幸福感和愉快的人際關係，還能改善健康、紓解憂鬱，[92]甚至造就更加美好的長壽人生。[93]「積極老化」（positive aging）的概念源自於正向心理學，邀請大家在人生最後的階段多留意帶來快樂的事物。消極負面的自我對話有可能造成傷害，而鼓勵的話語則能激勵我們創造美好的人生。正向心理學喜愛使用「重新建構」（reframing，又稱換框法）這項工具，它是指我們退一步質疑本身既有的信念與思考模式的過程。

比方說，我們可以用「改變和轉型」來取代「衰退」的那套說法，用新的眼光檢視大腦老化的現象。老化確實會造成一部分認知能力下降，但大多數人卻沒意識到老化的大腦有個補償性優點：比較能看出模式。年邁的心智可能在認知上較為遲緩，卻更善於聆聽來自感官和情緒的訊息，不急著回應。[94]

這項能力有時也稱為「結晶智力」（crystallized intelligence），是心理學家瑞蒙．卡特爾（Raymond Cattell）於一九六三年提出的概念。他認為智力分成兩種，一是流動智力（fluid intelligence），是運用理解力、解決問題與學習新知等技巧，來解決新問題；二是結晶智力（crystallized intelligence），係結合舊有知識與經驗，來解決新問題。研究已經發現，流動智力會隨著年紀衰退，但結晶智力卻會增長。[95]

明白這一點之後，我們便可以重新建構對於老化的看法。正如青春期的大腦會歷經轉變，老化的大腦也會有變化，只是沒那麼快，也沒有那麼徹底。重點是：老化不光是衰退，也算是一種轉型。

若要從另一個角度看待事物，需要花一番心力。驗證性偏誤（confirmation bias）也是人類與生俱來的偏見，會妨礙我們達到健康快樂。人們更容易接受那些能夠證實既定信念的資訊。多項研究皆已證實的確存在著「單純曝光效應」（mere exposure effect），又稱為「熟悉效應」（familiarity effect）。許多人認定某種說詞、產品、圖像、標語與主張更為可信，只是因為看起來或聽起來熟悉。[96]我們之所以經常看到某類資訊，可能是跟自己的某種想法有關，或者它使我們感到興趣，這不光是跟社群媒體上的演算法有關，也跟人腦天生的設定有關。

人性喜愛重複。但若我們能夠注意、標記並了解這類偏見，便可以自覺地質疑並進一步克服偏見。從書籍、文章、研究調查報告當中汲取知識與靈感，是不錯的方式，有助於質疑既定信念和舊知識。正念則是較為內省的方式。如同前幾章所說，正念幫助我們脫離自動導航的慣性模式，抱著新手心態看待事物，彷彿頭一遭接觸這些事物一樣。

與其他人交談，也是一種挑戰既定信念、用新方式看待事物的做法。舉例來說，我丈夫是工程師，他的心智運作方式跟我完全不同，時常讓我感到訝異。我喜愛為一群人教授正念，也是因為大家能夠交換不同的經驗、觀念與信念。一群陌生人在安全溫馨的環境中相處，給予彼此溫暖的支持，重新建構新的視角，令人無比開心。我們偶爾都需要別人提醒「你正在鑽牛角尖」，同時承認「有時想法卡住是正常的」。

時間可能對一個人的觀點造成巨大影響。史丹佛大學心理學教授勞拉．卡斯滕森（Laura Carstensen）發現，一旦人覺察到自身在世上的時日愈來愈少，目標就會改變。人生方長的年輕人會優先考慮未來導向的目標，但時日較少的人會先考量現在導向的目標。

卡斯滕森根據大量證據，提出了「社會情緒選擇理論」（socioemotional selectivity theory），指出人們基於對時間的感知，會更慎重地選擇真正重要的事情。年輕人想獲取資訊與知識，使視野更寬廣，以達到未來導向的目標，相反的，長者則更看重此時此刻所代表的意義，感受其間的正向情緒。有趣的是，基於社會情緒選擇理論的研究亦顯示，長者更加留意正向資訊，[97]更容易記住好事。換句話說，年事漸長後，我們更容易戰勝消極偏見，同時開始注意外界正向的刺激。

將負面想法轉變成正向想法

從身為五十歲族群一員的角度來看，這一切聽起來充滿了希望。顯然最精采的事還在後頭。根據統計數字，我會變成更積極正向、有情緒智慧的女性。但為什麼我們很少在街上看到長者滿臉燦爛的笑容、歡喜雀躍、活在當下的模樣呢？別忘了，研究只是提供了某種洞察，未必符合每個人的情況。

我跟凱西．沃德提到社會情緒選擇理論時，她便指出，許多老年人會刻意忽略或不去多想時日無多的事實，而不是因此受到鼓舞，把握剩餘的人生。再者，正向效應無法完全抵銷消極偏見。遺憾的是，就算我們退休了，內心批判的聲音也不會退休。

內心批判的聲音會一輩子跟在你後面，對你的行為和經歷提出各種批評指教。這是穴居人的大腦在設法保護我們，以免面對尷尬的局面或遭到眾人排擠。

因此，內在批評者的說法可能相當尖酸刻薄：「你不夠優秀！」「你真笨！」「你又胖又醜，滿身皺紋！」「沒人喜歡你！」

這類批評也可能是我們反覆告訴自己的某種信念：「你在社交場合一副蠢樣！」「你很不會烹飪！」「你是差勁的父母／朋友／同事／伴侶／女兒／兒子！」

這股批判的聲音也可能以僵化的思考模式呈現，例如以偏概全（「我每次都是最後一名！」）、預測未來（「我一定會跟以前一樣搞砸的。」），或者猜測別人的心思（「他們覺得我是健忘的老傻瓜。」）。

每個人內在的批判聲音皆不相同。心理學家稱這些批判的聲音為「自動出現的負面想法」（automatic negative thought，縮寫字為ANT，即螞蟻）。自動出現的負面想法，就跟螞蟻一樣，隨時隨地亂爬，蠶食掉我們生活中的樂趣。

自動出現的負面想法也跟螞蟻一樣，擅長團隊合作。舉例來說，如果你把幾個約會搞混了，因此錯過跟某個朋友的午餐約會，某隻螞蟻可能會冒出來，嫌惡地說：「我真蠢！」然後，很快就會有其他負面想法的螞蟻加入，你一言我一語地說：「我的朋友一定不想再見到我」（猜測別人的心思）；「沒人喜歡我」（以偏概全）；甚至是「我以後會很孤單」（預測未來）。

自動出現的負面想法也會帶來某些熟悉的情緒，像是悲傷、氣憤、恐懼，你的體內彷彿迴盪著這些情緒。

神經科學界有句名言：「一起啟動的神經元會連結在一起。」意指人的神經元只需要一段時間，便會創造出慣性反應模式。若要進入這些路徑，你只需想到某個負面想法或覺察到某種類似的情緒，其他螞蟻就會紛紛從洞裡跑出來。

人們在邁入老年後，還會出現另一種類型的「負面想法螞蟻」，我稱之為「年齡歧視的螞蟻」。牠們會制訂許多「規則」，說年歲大了就不該做這個，或者不能做那個，讓你活得非常鬱悶。

那麼，我們該如何處置這些負面想法的螞蟻呢？首先得先抓住（注意）牠們、為牠們命名（標記），並且承認（了解）牠們無法幫助我們過幸福的人生。值得慶幸的是，儘管我們無法控制思緒，卻有辦法控制注意力，決定自己對於某種想法要做出何種反應（也就是先前談論老化曲線向上架構時，我們已經練習過的正念迴路基本技巧）。

請記住，練習正念並非為了控制思緒，而是要讓自己免於思緒的控制。為了清楚說明這一點，我來說說自己撰寫本書時的情況。

每天早上都有幾隻負面想法的螞蟻出現在我的書桌上：「噢！早安。

你怎麼還在寫？你真的覺得自己能夠對世界有所貢獻嗎？你又不是多厲害的作家！你懂的還不夠多！你是在浪費時間。反正沒人要讀這個，不如去喝咖啡。瞧！臉書上有可愛的貓咪影片！」不，這樣展開一天實在不妙！

幸好，正念在此時救我脫困，使我認出這些負面想法的螞蟻，知道牠們沒那麼重要。那便是，後退一步，看清楚牠們的樣子：那只是幾個負面想法飄過而已。於是，我設法從負面的自我對話中抽身，不去想自己是不是夠厲害的作家，並且壓抑了放棄寫作、上網看可愛小貓的衝動。

相反的，我將注意力從頭部轉移到其他身體部位。我靜靜坐著，感受到某些不快的情緒伴隨著念頭出現，承認情緒的存在，接著介紹其他想法跟這些消極的念頭認識：「哈囉，自動出現的負面想法！我要謝謝你，我知道這是穴居人的大腦設法保護我，勸我不要出版一本可能害自己丟臉的書。但我還是決定要出版這本書，因為我覺得這麼做是對的，而且這給了我目的感和愉悅，希望也能啟發其他人做真正重要的事。這件事對我來說很重要！」

看吧！我將負面想法轉化成正向提升的想法（positive enhancing thought，縮寫字為PET，即寵物），也就是將螞蟻變成了寵物，多棒！我不再多想跟本書有關的負面情緒（擔憂或自我懷疑），進而將注意力放在我撰寫本書的積極理由。

與思緒脫鉤

念頭就只是念頭而已。你沒辦法控制念頭，卻可以決定怎麼處置它們。接納與承諾治療訓練師運用「與思緒脫鉤」（defusion）的技巧，引導當事人和不請自來的負面想法或其他令人難受的念頭保持距離。「脫鉤」是指讓你的「自我」跟某個念頭分開。某個想法並不代表我們，我們無須認同這些想法。

與思緒脫鉤的第一步，是注意、標記並了解這個令人難受的想法。先試試用下面這個負面想法螞蟻來照樣造句：「我太老了，沒辦法……」你自己決定下面要接什麼，可能是「穿祐褲」、「用全歐鐵路通行證暢遊歐洲」、「開始讀書」或者「換工作」，選一件你非常想做的事。閉上雙眼，把這個想法複述幾遍，感覺不太好，對吧？但不知為何，它愈聽愈像是真的。你說愈多遍，就愈不可能去做這件你想做的事。

現在，試著在這句話之前加上幾個字：「我有下面這個想法」，整句話變成「我有下面這個想法：我太老了，沒辦法……」。試著閉上雙眼，把這句話複述幾遍。你是否有不太一樣的感覺？

我請很多人試過這個方法，大多數人都覺得這麼說能幫助自己遠離負面想法。畢竟，不請自來的負面想法只是一個念頭，而念頭未必是事實或真相，只不過在腦海中隨意出現又消失。這些想法可能是我們聽說的資訊、內心做出的詮釋，或是基於各種根深柢固的偏見等等。我們真的願意相信這些念頭嗎？按照接納與承諾治療的術語，當我們不去認同這些想法，或者不讓它們變成真的，就是讓自己與思緒脫鉤。

退一步觀察自身的想法，就可以幫助我們順利度過老化階段。有了這項能力，我們便懂得該如何應付多年來在腦海中揮之不去的各種自我設限的想法，轉而將注意力放在真正重要的事物上。

潔奇在七十五歲時來上我開設的正念課。她設法改善健康，以應付過重帶來的挑戰，還努力吸收新知，上好幾門線上課程，其中一門是正念。她一開始不太相信正念有什麼好處，但很快就喜歡上它了。她說，正念幫助她接受事實，承認自己再也做不了某些事，即便如此，她也不一定要獨自坐著，與外界隔絕。

自從丈夫過世後，潔奇便獨自生活。她天性活躍、熱愛冒險，而且心胸開闊，求知欲強，但她在那時卻發現自己很難一個人去做某些事。她想去不同的城市旅行，但一想到自己都這把年紀了，獨自旅行對她來說可能很困難，便躊躇不前。後來，正念讓她覺察到這些自我設限的負面想法，讓她的想法和情緒不致失控，有了出門旅行的勇氣和信心。課程接近尾聲時，潔奇對我說，她打算去鄰近幾座城市遊覽幾天，先試試看。

潔奇的例子相當鼓舞人心，每個人都可以找出這些不請自來的負面想法，抱著好奇心去探究它們，進而與其脫鉤，以追求令人愉悅的事物。

我們也可以跟潔奇一樣來擴大眼界，不只聽內在批判的聲音，也傾聽內心的夢想和希望。第九章會討論培養寬廣的眼界。

開始練習：選擇健康的心態

在本書的第三部分，我們要探究老化曲線向上架構的第四個階段：擁抱它！首字母縮略字「eMBrACe」揭示了這個架構的要素，本章討論M所代表的心態／思維模式。

重點如下：

- 我們的心態對於身心健康愉快有很大的影響。
- 大部分時候，老化不是問題；我們如何思索、看待老化，才是問題。
- 重新建構對於老化的觀點並非不可能，例如用「改變與轉型」來取代「衰退」的那套說法。
- 社會情緒選擇理論表示，老年人對時間有不同的感知，會更慎重選擇真正重要的事情，開始留意積極正向的人事物，而非負面事物。
- 儘管我們無法控制思緒，卻能夠控制注意力，決定自己對於聽到的

話要做出什麼反應。

- **我們有可能扭轉天生的傾向，也就是將自動出現的負面想法轉化成正向提升的想法。**
- **讓自己跟令人難受的想法脫鉤，是可以做到的。**

「覺察自身的思緒」與「重新建構對於老化的觀點」兩種引導式冥想，可以幫助你練習本章提到的技巧。

如欲取得音檔，請掃描此處QR code，或上網站：www.ageingupwards.com

第9章

擴大你的眼界

如果你無法打敗它們，就加入吧！

你有沒有想過，要是頭後方有個開關可以關閉頭腦，停止所有令人不安和緊張的念頭就好了？我就這麼想過！我在某篇文章上讀到，人可以藉由正念來學會「靜心」，便決定報名參加為期五日的初學者禁語正念靜修營。但我很快就發現，當你坐下來，滿心想停止思考，心智反而變得活躍。

我試著專心呼吸，但各種念頭在腦海中反覆來去，停不下來。「我做對了嗎？真希望那個男人的呼吸別那麼大聲。為什麼我就不能停止思考？我做得真爛！我已經坐多久了？晚餐要吃什麼呢？」我的身體也開始抱怨。

我的背部因為長時間坐在墊子上而開始疼痛，頭腦也趁此機會繼續聒噪：「為什麼背這麼痛啊？別再想你的背了，專心呼吸吧。但我的背就是痛啊！我要怎麼讓它消失？我做得真爛！」

難以進入狀況的人不只有我一個人。第二天傍晚，老師給大家幾句金玉良言，從此成為我人生的指引。她說，在你遇到生活上的困難時，因應的方法有兩種：一是改變你的處境，二是改變你面對境遇的態度。所以，我先設法改變處境：我數度變換坐姿：坐在椅子上、背靠著牆、用好幾個墊子撐住背部，後來甚至躺下來，還因此睡著了。但沒有一種方法管用。我轉而嘗試第二種選項，開始意識到自己的態度。在老師的引導下，我探索了當下實際存在的身體感覺，並且覺察到內心慣用抗拒模式來回應身體感受。那時我不知道自己進入了「注意、標記、了解」的迴路，並在反覆經歷此過程時獲得更多覺知。

我一開始將這段經驗貼上「疼痛」的標籤，但過了這個階段後，我問自己：「它實際上是什麼感覺？我背上的痛感有溫度、顏色或質地嗎？它是靜止還是會動？出現這種痛感時，我有什麼樣的衝動？現在還有什麼其他感覺嗎？也許我可以選擇專注在其他事情上，像是呼吸，但同時讓這種痛感存在？」

疼痛並沒有消失。我在靜修營的那段期間，一直覺得背痛，但我想出一個辦法來與疼痛共存，而非讓它占據我全部的心念。好比電台廣播頻道，你可以讓痛苦在背景中播放，變成背景音，同時留意此刻其他正在發生的事物，並且刻意選擇將注意力放在某處，用特定的方式回應眼下的情況。

我悟出一個道理：如果我們無法打敗討厭的念頭、情緒或身體上的感覺，那就「加入」它們，防止它們進一步傷害我們，不要在原本就痛苦的經驗中再加上「次要痛苦」（即我們對於主要痛苦的反應），如同第五章所說。本章旨在闡述接納的能力。我們要探究 eMBrACe 中的「Br」，意即擴大你的眼界。若我們用寬廣的眼光面對愉快、中性（不好不壞）、不愉快的事物，允許各類經驗同時存在，就會活得更健康愉快。

寬廣的眼界幫助我們接納

本章要談的是「接納」（acceptance），但這個字有點麻煩，因此我決定改說「具有寬廣的眼界」。許多人認為接納表示讓步或放棄；也有些人以為我們必須喜歡、想要或同意某件事，才能夠接納它。但在正念的傳統中，接納代表了不同的涵義。我發現，其他用詞更能傳達這層意思，像是「放棄掙扎」、「騰出空間」、「拓展」、「溫和／輕輕／輕柔／和善地托住」、「注入氣息」、「隨它去／放下吧」、「打開心扉」，抑或是我最喜歡的說法：「擴大眼界」。

前面幾章提過的資深正念教師凱西．沃德，很喜歡邀請大家來「練習接納」，強調這是一個漸進的過程，最初可能是單純的好奇心，慢慢變得能夠容忍，允許某件事存在，最後我們可能將它納入自身廣闊的覺知當中。

在這個廣闊的自我覺知當中，我們能夠也願意讓不愉快的感覺來了又去，同時也注意到每一時每一刻的經驗中有某些愉快的面向。或許我們還會發現不愉快的事情中藏著一份禮物，給我們上了一課，或者含有某種意義、使命或目的。

凱西．沃德指出，接納的過程並不像沿著階梯直接拾級而上。她表示：「它更像是在玩蛇梯棋這種遊戲（編註：梯子代表前進，蛇代表後退）。前一刻我們還能出於好奇心地觀看，但下一刻我們搞不好連偷瞧一眼的力氣都沒有。有時候，我們就是無法接納。」

停止過度努力，才會達到目標

大多數學員來上我的課程時，都有明確的理由：變得更快樂、減少緊張或焦慮、更有效率、更具創意、更懂得憐憫，大致說來是希望更快樂。但問題在於：他們對目標愈是執著，就愈難達到目標。

我會在第一堂課就告訴大家這一點，鼓勵大家放下一切的希望與目標，靜觀事態發展。大多數人聽不進這些話，也不想聽這種話，只想聽我親口保證，他們付出的時間和金錢會得到一定的回報。

幸好，我最近找到一些研究來支持前述看法。二〇二二年初，某個研究團隊針對個人意願對於冥想結果所造成的影響進行評估，發表了研究成果。他們發現了一個現象：那些亟欲排解難受的情緒，或者擺脫壓力或恐懼的人，大多未能達成目標；但另一群不抱任何目的的人，只想用開放的心態接納任何湧現的念頭和感受，卻得到了冥想常見的好處：較少焦慮、煩惱、沮喪，但有更多正念覺察。[98]這是正念的弔詭之處，有時會讓人不知所措。

若你想達成目標，就別過度努力。光是勤奮努力，未必能使人維持健康快樂；很難辦到的是：拋開執念，停止內心交戰，秉持接納、好奇與善念來迎接挑戰。

人無法靠聰明才智來脫離痛苦

人類的本能會想避免痛苦，並設法運用聰明才智來解決問題。人的心智是解決問題的機器，從演化角度來看，這是有道理的。如果我們覺得肚子餓，就會想辦法覓食；如果我們覺得又濕又冷，就會想辦法遮風避雨。一切都是為了生存，人類的心智會想方設法地避免不適或苦痛。

由此，如果我們發現了老化的跡象，就會想辦法讓自己回到更好、更有自信的時期，也就是回到較健康強壯的年輕時代。我可能對自己說：「要是我開始玩猜字遊戲，記憶力有可能恢復。」「要是我開始補充維他命，就可以維持免疫系統的健康。」「要是我練瑜伽……」「要是我開始冥想……」

當然，許多時候我們想得很對。我們應該盡量保持身體健康，但另一方面，也必須擺脫「自己能夠解決任何問題」的錯覺。在談到使人痛苦的想法和情緒時，解決問題的方案派不上用場。當你內心充斥激烈的感受，猶如置身於迷霧時，解決方案不但無效，還可能造成反效果。

下回你覺得生氣時，試著問自己：「我要怎麼擺脫想對某人大吼的衝動？」或者在你準備上台簡報或演說前，請自己設法消除胃裡的那股焦慮感。在這種情況下，理性思考是沒什麼幫助的。

重點在於，不論你將注意力集中在什麼事物上，都會讓它變大，即使你的本意是想要擺脫它。所以，一旦你開始思考怎麼避免焦慮，焦慮就變成了焦點，不但沒有減輕它，還會多出一層次要痛苦。就像我在第五章所說，若要解決問題，有時我們必須關上掙扎開關，只要「接受它」就好。

前面這段話究竟是什麼意思？不妨試想你現在出門去海灘上散步，你脫掉鞋子，沙粒鑽進了腳趾縫，帶來酥癢愉悅的感受，微浪在腳邊輕輕捲動。突然間，你發現自己被流沙包圍，你出於本能地想要逃離。你會狂亂地擺動雙腿和手臂，心知不快點逃就會死。但你可能也知道，遇到流沙時，愈是掙扎，會沉得更快、更深。你可能也知道，只要放鬆，伸展四肢，身體就會浮起來。當然這一點不容易做到，因為此時你的身體和心智會出於本能地對你下相反的指令。

你可能不知道陷入流沙是什麼樣的處境，那麼就再舉一個大家應該都有經驗的例子：睡不著。想像你正躺在床上，你的身體和心靈都已經疲累到極點，居然還是睡不著。隔天有一件重大的事，所以你一直在確認時間，而你的大腦也不斷告訴你要趕快睡，但離鬧鐘響只剩五個小時。你躺在床上設想各種糟糕的情況：一整天像喪屍一樣走動，沒辦法做好工作，一整天都不開心。你想得愈多，就愈清醒，也就更難入睡。你就像是陷入流沙那樣苦苦掙扎，卻讓自己更加深陷於那個亟欲避免的情況。

老化也是一樣的道理。你愈是想避開或對抗某種情況，它愈會使你受苦，控制住你。

卡門是正念生命力與老化課程的學員，有一次，我問她是否認為正念對於她步入老境一事能有所幫助；她表示，正念已經發揮成效，幫助她接受情況。她說，有一次她穿好衣服後照鏡子，看見一副衰老的軀體。但她並未「被眼前的景象嚇到」，反而能夠對自己說：「是啊，我的身體已經不像二十年前那麼好看。的確是不完美，但是沒關係，這是現在的我。」並下結論道：「如果我每一天每一次看見自己，都能夠如實接納自己，既不渴盼過往，也不害怕未來，這當然會幫助我順利變老。」

接納生命的無常

如果我們想要避免次要痛苦，就得承認苦諦的存在，這在第二章已經介紹過。並非只有老年人才會感到不舒服或不滿足。為了充分掌握這個道理，我想不妨先探究「無常」（impermanence）這個概念的涵義。

次要痛苦的核心，是希望世上的事物永恆不滅，但事物卻會消逝。無常是佛教教義的基石，也是世俗正念的主要教誨。儘管任何一種宗教的意識形態都無法掌握「世間事物一直在變化，萬物皆會消逝」的真相，但你只需要在大自然當中徜徉一段時日，就會看清這個事實。

季節更替，動植物無不歷經生死。第五章和第七章曾提到的天敬禪師這麼說：「你是一件不斷修正的作品。你不是名詞，而是動詞。好比你在電影中看到某人的動作，看起來無比逼真。但是你湊近一看，會發現那只是一個個影像格子被串在一起。生命也是一樣。我們不斷死去又重生，一直在變化。我們沒有固定的物質，卻都帶著一股從未降生且永不死亡的能量，是這股能量使我們與全宇宙的生命和萬事萬物串連起來。明白這一點後，你會更懂得珍惜被賦予的生命，從容優雅地老去。」

若我們真正理解無常的意義，坦然接受「到頭來我們什麼也抓不住」的事實，就不會再徒耗心力，那麼次要痛苦也就不復存在。這不是一件容易的事。誠然大家都明白「世事變遷」，但我們真的懂得這個道理嗎？在內觀中心靜修十日以後，我開始明白「透過理智去了解」與「『真正』用身體和心去領略」是不一樣的。

我先前提到在內觀中心過簡單的生活，其中一個重點是避免有太多感官經驗或念頭，因為它們會使我們在面對外界時分心，使我們深受吸引或感到厭惡。比方說，如果供應的伙食太好，我們就會騰出心思去想像午餐會有什麼樣的味覺體驗，因此不停地想著食物、感到飢餓，可能還因為等待食物上桌，產生急躁、挫折、氣憤等情緒。

前文提過，我們被教導要「注意」所經歷的一切，為其「命名」。「注意它、標記它、了解它、放下它」變成我們的口號。說實話，這滿累人的，而且我絕不是好學生。我的思緒經常被過往的故事牽動，有時也愛幻想未來。我經常想像自己躺在家中舒適溫暖的床上，而且我承認自己在計算著還剩幾天就結束，彷彿我是被迫在此閉關。

但在我覺得苦不堪言時，也找到了平靜，培養出洞察力。我發現自己能夠平靜地直視令人受挫的事物，接受它發生了，然後放下它。就這樣，我真正體驗到何謂無常。

如果我室友半夜起床淋浴，把只能睡幾小時的我吵醒，我可以標記這件事，為內心每一種不愉快的情緒命名，然後放下。我以前的自我大概會睡不著，不停地想著她很不體貼，然後開始思考要怎麼解決，讓她別再這麼做，但其實這很難，因為我們是不允許溝通的。

在內觀中心閉關快結束時，我已經可以接納每晚碰到這種情況，也比較能夠忍受一起冥想的同伴大聲喝水、吸鼻子、咳嗽、打噴嚏、亂動，甚至哭泣或笑出來，而不讓自己受到干擾。

我也能夠讓造成分心的情況，像是腳癢、背痛或隨意出現的念頭，出現後又消失。一次又一次，我注意到每一件事都會過去，而我能夠放下抵抗，就此接受生命的無常。

佛教哲學獲得了科學上的支持。許多研究顯示，我們愈是能夠接受自身的遭遇或處境，所經歷到的苦惱、焦躁、不滿足也愈少。[99]有一項研究則發現，在老年人身上也有同樣的現象。[100]

無常往往被視為負面，大多數人都害怕失去深愛或依戀的人、事、物。

然而，一旦你接受了無常，就會體認到「一切終將消逝，生命是永無止境的循環，每一秒鐘都在發生變化」，並因為這個真相而獲得解脫感。失去固然是痛苦的事，卻也帶來了自由和更多的機會。

成為一個更大的容器

所以，我們要怎麼做才能改變心態，從解脫的角度看待無常？不妨想像你花了一個下午為自己煮了一碗美味的奶油番茄濃湯。但當你坐下來要享用時，卻失手往碗裡倒了一大匙鹽，湯突然變得很鹹。這時你會怎麼做？大部分人可能會馬上咒罵，並用一堆難聽的話來罵自己。

但我想請你反過來仔細看看這個湯碗的尺寸。假設它的大小相當於義式濃縮咖啡杯，非常小。如果你的這碗湯是盛在這麼小的容器裡，一大匙鹽會有什麼效果？會毀掉它，對嗎？鹽很可能掩蓋住其他食材的味道。

現在不妨想像一下，裝湯的容器是工業廚房裡的那種大鍋，也就是有很多湯。對於這種分量的湯，一大匙鹽會產生什麼效果呢？它可能還是會影響到湯的口味，而且你大概還是希望這件事沒發生，但如果你真的品嚐一口，會發現依然有番茄甜美的香氣，口中也有奶油的芳香。令人不快的鹹味被沖淡了。

我的重點是：我們可以變成更大的容器，包容令人不快的人、事、物。既然生活是各種感覺所組成，也就是愉快、中性與不愉快的事物會不斷出現又消失，那麼就等於幾乎每一刻都會有一股愉快的感覺。我們只需要留意這股感覺就好。當你遇到棘手的事，只要坐下來問自己：「現在這裡還有什麼？」人們很容易只注意到鹽本身，讓它毀掉一切，但替代方案很簡單：這一刻，你嚐出其他味道了嗎？

所以，當你注意到自己一味想著那些再也做不到的事，自憐自艾時，記得問自己：「這裡還有什麼？」或許是當下一件微不足道的小事：鳥囀聲、毯子的柔軟觸感、咖啡的氣味。「擴大眼界」的說法，使得「接納」一事變得切實易懂，它鼓勵大家在內心留出空間。若要沖淡某種不愉快的感覺，進而接納它，我們就得花點時間敞開心胸，把這感覺放進一個更大的容器裡，此刻，容器裡還有許多小東西，而我們只要注視它們每一個來來去去就好。幸運的是，我們永遠不乏令人愉快或中性的心念和情緒，只要留心就會發現。

這種接納的方法，支持一項論點：即使我們不喜歡或不想要某樣事物，也可以接納它。「擴大眼界」意謂著我們承認事情就是這樣，但不表示放棄希望，也不表示我們不再努力達成目標。我絕非提倡消極，要你停止創造更好的生活。如果你有慢性病或經常感到疼痛，我也不是說你要一輩子忍受病痛的折磨。我更不希望你變成受氣包，任由惡人欺負。正念的接納是指：敞開心胸接受此刻的一切。就是現在！坦然接受任何想法、情緒和感覺，只要去注意、標記、了解，然後找出一種方式擁抱它們。如果你辦得到，就去改變它們；如果你辦不到，就改變你對它們的看法。

用寬廣的眼光看待疼痛、疾病和死亡

擁抱生命說起來簡單，卻不容易做到，尤其是當你失去至親好友或身體有病痛、體力衰退，就更困難了。我們該如何接受人世的艱辛？如果你運氣好，活得夠老，大概會有很多機會練習。目前已發現，逾八十五歲的老人達七成以上（七十二%）有某種形式的慢性疼痛，[101]最常見的部位是背部、雙腿、膝蓋和髖關節。[102]

每天忍受痛苦，就好比一杯小小的濃縮咖啡杯裡有鹽，使人了無生趣。可以想見大多數人會想盡辦法消除疼痛，或至少緩解痛苦。這些人的生活繞著痛苦打轉，而且開始對痛苦產生強烈的認同；痛苦變成了他們這個人。他們不再只是患有病痛或障礙；他們就是病痛或障礙。

加州聖地牙哥醫學院最近進行了一項有趣的研究，探究「對痛苦產生認同」對人們的痛苦經驗會產生何種影響。研究小組用高溫照射兩組人的雙腿，連續兩次，之後為兩組人進行腦部掃描。其中一組人在兩次療程之間，上了四堂二十分鐘的冥想課，同時在接受高溫照射時練習冥想。另一組人則利用四堂課的時間聽有聲書，在接受高溫照射時閉上雙眼。

冥想組回報說，在上過幾次冥想課之後，第二次療程的痛感沒有那麼強烈，而針對兩組人進行的腦部掃描結果指出，冥想組的預設模式網絡（default mode network）較不活躍。所謂的預設模式網絡，是指一組相互連結的大腦結構，在一個人進行思索，不論是做白日夢、回顧過往或幻想未來時，就會自動變得活躍。這組結構也跟一個人對自身的想法有關。顯然一個人愈少將痛感和自身連結，就愈不會覺得痛。

該研究的一位資深研究人員斐鐸・贊登（Fadel Zeidan）博士表示：「正念的首要原則之一是：你不等於你的經驗。你要訓練自己去體驗想法與感受，但不要將你的『自我』或『自我感』附加在它們上面，而且我們現在總算了解，當一個人承受劇痛時，這一切是如何在腦中展開的。」[103]

經驗豐富的內觀大師史帝芬・湯瑪斯（第四章提過）表示，始終如一的冥想練習，使他得以超脫各種疼痛與疾病；不僅如此，他抱持好奇心與平和超然的心境來面對痛楚：「嗯，我覺得痛，這滿有意思的，現在來觀察看看。我不只是要享受生病的感覺，也不認為這種病會很快就把我擊垮，因為我不會浪費精力。假如我花太多力氣煩惱病痛的事，就無法痊癒。假如我用好奇心和自我疼惜來觀察病痛，那麼我就會痊癒。」

史帝芬確實是說他想要「享受」病痛。這真的有可能嗎？他是最早一批確診新冠肺炎的患者，當時他變得幾乎無法呼吸，卻很難取得醫療協助，氧氣罩也正短缺中。他只能設法不被焦慮擊敗。他發現，每回自己一躺下來，肺部就像快塌陷一樣。於是，他一連三晚都坐著睡覺，平靜地觀察自身的呼吸，深吸一口氣後再緩緩吐出來，盡可能將空氣送入肺部。他主要是為了觀察呼吸困難是什麼感覺。他深信，若不是自己用這種方式回應，很可能性命就不保了。

「大多數人一遇到不太尋常的事，就會焦躁。然而，當我們遇到不尋常的事時，為什麼不說：『噢！這就是無法呼吸的感覺。太棒了！所以讓我的肺充滿空氣是這種感覺，即使我覺得肺部就快塌陷了。』當然，我的家人和醫院就在附近，有需要可以打電話找他們。」

我認為，史帝芬在令人激動的危急情況下，居然能夠擺平憂慮焦躁的念頭，免除了次要痛苦，真的很了不起。我並非建議用冥想取代醫療，來醫治致命的病毒，但史帝芬卻能夠在醫療派不上用場的情況下，坦然接受它，隨遇而安。

前文提到的內觀老師麥可．赫爾默曾表示，他在面對母親大限將至時，運用了一項類似的能力，來與自身的情緒和煩惱分離。麥可的母親被診斷出癌症，並在短短兩個半月後就過世了。他親眼看到母親在兩、三個月內變得面目全非。儘管那段時間對他來說非常難熬，練習冥想仍幫助他看清衰退的本質，而不光是想著「看到可憐的母親受苦」。

麥可說，他母親的死亡過程有「一種美感」，因為他看到母親與自己的生命和解。他解釋道：「人們面對死亡時，是被迫進入此時此刻。死亡迫使他們放下所有不重要的事物。無知和錯覺的面紗突然間掉了下來。人在臨終時開始明白什麼才重要，開始對某些事感到懊悔，為此道歉或設法彌補過錯。」

麥可親眼見到母親在生命的一切都遭到剝奪後，流露出最基本的人性。母親死在他的懷裡，但是他沒有流淚。「那是一次美好的經驗，因為我知道母親只是跟其他生命一樣，在這個無常世界裡歷經生死罷了。」

我們之所以練習冥想，最終目標是要體悟到身而為人的意義，明白什麼才最重要。麥可認為，冥想能助我們一臂之力，以免我們在毫無準備的情況下向世界告別。冥想幫助我們提早接受現實，明瞭世間的任何事都不會長久。我們無須等到死亡之時才認清這一點。若我們在還活著的時候，便體認到無常的道理，坦然接受它，就能平靜面對死亡。

我們必須鼓足勇氣，才能夠擴大視野，邀請自己感受人生中不愉快的那一面。若我們能夠用關愛的心態來面對逆境，也會有極大助益。這是第十章的重點。

開始練習：寬廣的眼界

本章繼續檢視老化曲線向上架構的第四個階段：擁抱它！我們討論了「Br」，也就是培養寬廣的眼界。

重點如下：

- 當我們抗拒困難時，會讓自己承受更多苦痛。
- 我們可以允許難受的感覺存在，以練習接納。
- 若我們敞開心胸接受當下的感覺，包括愉快、中性和不愉快的感覺，就會沖淡不愉快的感覺。
- 若我們真正明白，世上的一切皆不長久（無常），我們不可能抓住任何事物，那麼就可以避免次要痛苦，少受許多苦。
- 我們可以透過冥想來訓練自己體驗令人難受的想法和痛苦，無須將自我感附加於其上。這麼做不光是能夠減輕身體上的痛楚，也可以

幫助我們用好奇、接納與自我疼惜的態度，面對疾病和死亡。

「探索念頭、情緒和身體上的感覺」和「探索愉快、中性和不愉快的感覺」皆是引導式冥想，可以幫助你練習本章提到的技巧。

如欲取得音檔，請掃描此處QR code，或上網站：www.ageingupwards.com

第10章

練習關愛自己和他人

人類是社會性動物

我最近買了一只跑步手錶。手錶在記錄我的每一項生活習慣和身體運作細節的同時，也會持續調整我的「體適能年齡」，這感覺就像是我找到了一部時光機。

每回我去跑步，就會收到一則訊息：「恭喜！你的健身年齡降低了。」這成為獎勵，讓我覺得自己更年輕了。我還想著，要是我一直跑下去，搞不好有一天體適能年齡會來到二十歲。後來，這只錶上面的數字停了，我也不再獲得讓多巴胺激增的例行獎賞。

這件事促使我思考身體和心智之間的關係、我們用來衡量年齡的各種方式，以及這類知識對個人身心健康有何影響。

我決定做個有趣的練習，試著留意我在哪些情況下覺得充滿活力；我發現，活力並非來自於運動健身，反而是跟人際關係較有關聯。我經常發現，自己在工作一天後覺得疲累，晚上不太想出門。但我注意到，只要外出，我的活力就提升了，那一刻我感到快樂有活力。進行社交互動，跟其他人聯絡感情，讓我覺得自己變得年輕。

儘管目前還無法像衡量體適能年齡一樣，衡量「社交年齡」，但科學清楚顯示了，一個人是否活得健康愉快，取決於他人的陪伴。曾有研究發現，一個人的社會紐帶愈少，罹患心臟病、癌症、免疫功能下降的風險愈高。孤獨與壓力荷爾蒙（皮質醇）上升有關，這會進一步增加罹患心血管疾病的風險。[104]若我們缺乏社交關係，一旦健康亮紅燈，也比較難恢復。[105]有一份針對一百四十八項研究的回顧發現，相較於社會關係偏弱的人，擁有強大社會網絡的人更可能存活下來，差距達五十%。[106]

本章將檢視如何減輕孤獨與改善人際關係，以使我們更加健康愉快，活力充沛。我們要培養關愛（Affection），即首字母縮略字 eMBrACe 中的「A」，因為具有關懷、愛意、憐憫和共通人性的心態，可以改善我們的人生，也對周遭人們有益。

在幾股內在力量之間抉擇

人類天生就會相愛，並與他人建立關係。現存的化石顯示，愛在數億年前演化出來，是我們的哺乳類祖先賴以存活的方式。[107]假如我們的祖先不懂得付出關懷與愛，就不會彼此照顧，也就不會有今天的我們。只要想想人類的嬰兒需要無微不至的照顧，成熟期又非常長，沒有愛與關懷是辦不到的。

儘管「愛」、「同情」、「關懷」這類字眼有時候讓人不太舒服，而且培養自身的關愛能力或感受旁人的愛意，也常被視為無用的軟技能，但實際上這卻非常重要，不容輕忽。

人類的身體與心智天生就是鼓勵付出，會尋求仁慈與憐憫，我們從許多方面都可以看出這一點。以內分泌系統為例，當我們覺得被保護，或者被其他人需要時，就會分泌使人感到愉悅的荷爾蒙。[108]

但棘手之處在於，人的內心還有許多股力量，諸如挑釁、暴力、狂怒、自私和氣憤，也具有同樣的演化上的目的：使我們安全。文明社會裡的道德和規範，可以在一定程度上馴服並壓制這些黑暗的力量，然而，高度競爭的文化卻也迫使許多人運用黑暗的力量來達成目的。歸根結柢，每個人都有權決定要培養哪些內在的力量。

擴大你所屬的團體

一九七九年，法國社會心理學家亨利·泰弗爾（Henri Tajfel）提出了社會認同理論（social identity theory），[109]解釋了為何我們會對某些人感到同情，卻對另一些人有攻擊情緒。

根據實驗室內的研究成果與實驗室外的觀察心得，他發現了，一個人的言行舉止和身分認同，取決於他們認為自身屬於哪些團體。我們自行定義了內團體（即小圈子或自己人）與外團體，從中獲得身分認同。比方說，被我認定為內團體的幾群人是：女性、歐洲人、中年人、母親、創業家、冥想者，最近又多了作家這群人。對我而言，外團體大概是男性、年輕人、肉食者。

泰弗爾表示，人類天生就會誇大外團體的負面特質（即與自己相異的特質），也會誇大內團體的正向特質（即自己也具備這些特質）。性別是常見的認同感來源。我個人就時常對一群「女性」（內團體）產生認同，覺得她們就是「懂我」。但她們真的如此嗎？三十九億的女性全都懂我嗎？[110]同樣的問題也可以拿來套用在年齡身上。我真的跟同年齡層的人有更多共同點，跟年輕一輩或年長一輩的人很不一樣嗎？

然而，人們隨時會根據某個隨機出現的小圈子來定義自己。我們根據性別、宗教、種族、信仰、膚色、職業選擇、出生地、用哪個牌子的洗衣粉等各種理由，來評判他人，形成刻板印象。這麼做會使我們有歸屬感，但其壞處是種族歧視、性別歧視、年齡歧視，以及世上各種由某種主義產生的歧視。

人類會將世人分成「外人」和「自己人」，這種傾向要是跟心中的兩股力量：挑釁攻擊或惻隱之心相結合，就會釀出一杯危險的雞尾酒，不僅會危害世界和平，也會妨礙世上的人追求幸福。情況是這樣的：我們允許自己內心的攻擊力量瞄準「外團體」發動，卻本著同情心照顧「內團體」的人，也就是自己人。

從演化的觀點來看，這麼做有十足的道理，因為這是為了保護你這個內團體的基因，來對抗外界的威脅。但從個體幸福的角度來看，這是很糟糕的策略。首先，假如我們只跟志同道合的人來往，很可能落得無人作伴的下場，尤其是當我們年歲漸長，小圈子的成員日益凋零，這種情況更加明顯。其次，雖然挑釁或攻擊他人會刺激腎上腺素分泌，使我們當下感覺很好，但這種感受並不長久，相反的，同情心卻能夠帶來長久的幸福感。之前就有研究發現，惻隱之心和幸福感之間有明確的關聯。[111]

好消息是，一旦我們經由練習「注意」、「標記」、「了解」的迴路，覺察到自己的天性，就能找到對抗天性的辦法。答案很簡單：讓自己的小圈子（內團體）變大；一旦納入更多「自己人」，「外人」就變少了。這不是說要擺脫外團體，而是要發自內心讓內團體變大，讓更多人進來你的小圈子。

如果我們朝這個方向努力，或許哪一天可以讓全世界變成一個小圈子，大家都是自己人。我們不妨試著用「人同此心、心同此理」的態度來面對世界，而非誇大彼此之間的差異。

前面這段話是我的經驗之談。我在內觀中心閉關靜思多次，培養出豐沛的慈悲、關愛與同情心。十天之後，我心中充滿了愛與同情，因此，搭機返家的旅程跟我原先的預想完全不同。搭乘廉價航空時，會遇到很多一臉緊張的機組人員與同行旅客，有時使人備感壓力，尤其是在疫情期間，但我卻發現自己異常平靜。

我有強烈的悲憫心，有股衝動想去擁抱每個人，包括嚎啕大哭的孩童、疲倦的父母、把指甲剪和剪刀放進手提包而拖慢大家速度的女人、大聲講電話的商界女性、吃著氣味濃烈的雞蛋的男人等等，在我看來，每個人都是我這個圈子裡的同胞，皆有自己的感受、挑戰、過失和才華。這感覺真棒，可惜並未持續太久。

「內觀效果」過了一陣子便消失了。我承認自己偶爾會咒罵在我前方插隊的人，偷偷用各種外語來臭罵對方。不過，閉關靜思的確讓我了解到該如何培養更美好的內在特質，而且用這樣的態度來面對世界，感覺非常好。

如同第六章所說，同情心可用來預測一個人健康快樂的程度。

對他人的關愛

芭芭拉．佛列德里克森（Barbara Fredrickson）在《愛是正能量，不練習，會消失！》（*Love 2.0*）一書中蒐集了有力的科學證據，提出發人省思的要旨：只要我們多練習，就能加強愛的能力。[112]「愛」這個字陳義過高，可能會讓某些人反感。但佛列德里克森並非要談浪漫的愛，而是愛的連結。她表示，在安穩的家中靜坐，練習某些冥想，有可能增強一個人愛的能力。我們也可以外出，嘗試與外界連結，用她的話來說是「微小時刻的連結」。跟任何人（甚至動物）產生連結都可以，只要讓自己跟對方有片刻的交流就可以了，無須了解對方，即使他是陌生人也無妨。只需要一個眼神交會、稍微聊一下天氣、一個微笑，讓你和對方有片刻連結便足夠了。

你可能不太明白坐在舒適的家中練習同情心是什麼情況，這其實有點像專業運動員在比賽前具體想像上場時的表現。當他們在腦中想像每一個動作時，就會像實際執行動作那樣，刺激了相同的大腦區域。正如運動員能夠透過訓練大腦以獲得成功，我們也可以訓練自身的大腦和身體，以感受愛與同情。

所謂的慈愛冥想（Loving kindness meditation），就是在內心具體想像慈愛，為古代佛教徒修行的俗世版本。這種修行法叫做 metta（意即慈心、願眾生好），修行者遵循一套法門靜坐，對自己和他人產生慈悲心，任何正念課程皆包含這種做法。

這種冥想通常會邀請我們傳達愛意和慈悲，首先是給自己，然後是好友、無特別交情的人、合不來的人，最後，我們內心幻想的小圈子愈來愈大，跨越了各種差異，而我們將愛與慈悲傳送給全世界。

練習慈愛冥想後，你可能會進入充滿愛與寧靜的奇妙狀態，但也可能深感挫折。我每次上完課，都會發現某些學員在練習慈愛冥想後，反而有厭恨自己或非常悲傷的感受，因為他們沒辦法產生這種冥想所鼓勵的慈愛之心。相反的，他們內在批判的聲音說，他們不配獲得仁慈或關愛。

事實上，培養自我疼惜的能力需要非常多的同情心與勇氣，我們只能一步一步慢慢來。

關愛自己

我想請你做一項練習。請拿出一張紙，寫下五個字詞來描述你這個人，接著在心裡想一位好友，寫五個字詞來描述他／她。現在，請你對照這兩張表，看看上面的正向與負面特質是否一樣多。如果你跟一般人差不多，會發現你用比較多負面字眼來形容自己，反而給朋友選擇好一些的字詞。我們通常都對自己不太好。

我在前文建議你了解自己有哪些自動出現的負面想法（ANTs）。當你想到摯友時，這些「螞蟻」會出現嗎？大多數人不會用批評自己的負面方式來批判朋友。為什麼？當然是因為我們的穴居人大腦正在努力保護自身安全，盡量看自身的負面特質，便可以從錯誤中學到教訓，以免陷入令人尷尬的局面，讓自己遭到其他人孤立，或是喪失找到伴侶的機會，才能確保自身的基因能傳到下一代的基因庫。同時，我們還得跟朋友維持良好關係，才能夠獲得屬於某個群體的安全感。再說一次，我們天生設定的穴居人大腦，對於保持健康快樂相當不利。

解藥無他，只要對自己展現關愛就行了。將你與生俱來的同情力量翻轉一百八十度，對自己和善一些。不論是在老年人或各個年齡層，[113-114]自我疼惜和個人的健康快樂都有明顯的關聯。克莉絲汀・娜芙（Kristin Neff）教授任教於德州大學奧斯汀分校教育心理系，是研究自我疼惜之效益的先驅。她認為，自我疼惜包含了三件事：

- **正念：注意並了解自己做出的判斷或意見，以改變成見。**

- **善待自己：遇到挑戰時，要抱持溫暖和諒解。**
- **共通的人性：體認到身而為人難免會受苦，偶爾不太好也沒關係。**

以下舉例說明如何運用自我疼惜來面對困難：「嗯，今天我注意到自己有那麼一刻覺得困惑。沒關係，有時候這樣也很正常。我還發現我的腦海裡出現各種各樣的煩惱，擔心那一刻的困惑可能代表什麼意義或造成什麼後果。這樣能夠幫助我過真正想過的生活嗎？不能！我現在可以做些什麼來善待自己，而不是浪費時間煩惱？我想，最好打電話給朋友，跟她一起去散步。」

請注意這並非自憐，沒有提到「我真倒楣」或「為什麼是我」，也不是忽視問題。這麼做只是在阻止次要痛苦接管你的情緒，讓你改做其他事，以便積極紓解困難。當然，要是使你困惑的情況一再出現，或許你應該嘗試不同做法，像是找醫師協助。

為自己的孤獨負責

懂得用接納與自我疼惜來面對困難是一種能力，這種能力會使我們更有力量應付許多老年人面臨的挑戰：孤獨。老年人普遍感到孤獨。[115]最近，世界衛生組織針對老年人的社交孤立和孤獨，做了一份宣導簡報，表示大量研究都顯示出，社交孤立和孤獨對於老年人的身心健康、生活品質與壽命，都有嚴重的負面影響。世界衛生組織也指出，孤獨現象對社會造成沉重的經濟負擔。[116]

針對日益嚴重的孤獨問題，學界已經建議了多種介入措施來試圖減輕。

這麼做當然很好，而且可以從文化和社會層面著手。但是，正如年齡歧視，我們中老年人缺乏時間上的餘裕，無法坐等社會來拯救我們。我們要秉持開放的心態，來探究自己是否也是造成孤獨問題的導火線之一，然後盡力解決問題。

那麼，我們可以做些什麼？

首先，我們要承認孤獨是一種情緒，是身體和心理試著告訴我們，情況不太對勁。情緒的出現，是要我們盡快滿足某種需求，以這個例子來說就是進行社交，聯絡感情。你不妨試試以下這個最簡單的辦法。有證據顯示，要戰勝孤獨、悲傷、不快樂等等令人難過的感受，就是去幫助別人，為他人付出。給予會使我們快樂，讓我們更健康，而且能促進合作，使群體的感情更融洽。[117-119]

給予不分大小，即使只是給他人一個微笑，都會讓你的心情變好。就像佛列德里克森所說的「微小時刻的連結」，以戰勝孤獨來說，從小處著手是很不錯的做法。如果我們設立小目標，讓自己更懂得在日常生活中付出善意、聯絡感情，也樂於接受別人的好意，那麼善意和溫情會隨著時間增長，最終我們的生活會充滿善意與情感交流。

除此以外，還有很多種聯絡感情的方法。我在攻讀生命力與老化碩士學位時，曾訪談一名年長紳士，討論戰勝孤獨的方式。他說的話很有智慧，大意如下：「沒錯，我們平常就得多和老年人相處，經常邀請他們做一些活動、花時間跟他們相處、跟他們聊天，聽他們說話。但是，要戰勝孤獨，最重要的是被邀請的人一定也要反過來邀請別人！」要終結孤單，雙方都得積極參與才行。即使被邀請來吃晚餐的那個人沒辦法出門購物、準備餐點，但我們一定找得到其他方式來聯絡感情。

我們也可以主動尋找及選擇適合作伴的朋友。我的正念課程便是很好的例子。在我為期八週、培養支持和感情紐帶的正念課程上，經常發現學員之間會自動形成感情的紐帶，因為這些人被放在一個充滿安全感的地方，而且覺得大家有共同點。

就跟很多人一樣，我在疫情期間開始線上上課，最初我擔心無法像平常那樣產生情感交流。但是，眾人之間照樣有交流，而且幾乎跟平常上課時差不多。就算學員是坐在電腦後面，分散在世界各地，有不同的國籍、膚色和性別認同，而且是透過螢幕互動，情況依舊熱烈。

新冠肺炎疫情似乎使大家更有理由培養情感紐帶，疫情變成共同的敵人，號召群體一齊對抗。人類天生就有聯絡感情的能力和欲望，尤其是身處逆境時，這令人大感神奇。

每個人都可以持續加入新團體，積極參與團體活動，擴大目前的小圈子，讓更多人進入自己的生活，便可以免於孤獨。若我們加入自己真心看重的環境，身旁都是有共同目標的人，往往會發現情感交流、人際紐帶、使命感和價值感都大幅提升。如果你對運動、桌遊、看書、編織、骨董車或無人機有興趣，就加入那個社團，或者自己創立一個！我們無須只對年紀有關的事情感興趣。即使你有健康問題或肢體障礙，只能待在家裡，抑或是距離太遠而無法前往，也有許多線上活動在進行。

但要是我生性內向、缺乏社交技巧、我的穴居人大腦害怕被拒絕，又該怎麼辦？此時，就要運用自我疼惜來幫助自己。你可以在自己的家中坐著，用心注意、標記並了解這股排斥感與不快的感受，抱著好奇的態度面對這些感受，同時進行冥想。這麼做很似乎值得，因為許多研究都發現，經由冥想來緩解孤獨感，成效值得期待。[120]

教育心理學家克莉絲汀·娜芙表示，自我疼惜的另一項要素是提醒自己：人性是共通的。所以對自己說，跟人社交時覺得彆扭、沒自信，是很正常的，每個人都會出現這種感覺。你可以在家裡試著用溫暖和諒解的態度，探究這項要素。

譬如說，你可以用善意檢視自己的信念。你是否能夠跟自動出現的負面想法脫鉤？自問：「我缺乏社交技巧嗎？」再將它變成正向提升的想法：

「我就算害怕也要練習社交，我真勇敢。」等你準備好了，就可以在現實世界展開練習，先從小事開始，看哪種做法有效，哪種沒效；必要時，你可以在冥想墊上安穩坐著回想。

你很可能需要做許多次才會成功。跟人互動是一項技能，多做就會進步，但我們得勇敢踏出慣性模式，好奇地探索我們跟別人或自己互動的過程。或許你會注意到自己對他人的評價太過苛刻，或者因對方不屬於你的小圈子就加以排斥，因此錯失了不少友誼。搞不好你還會發現別人避開你，是因為你太愛談論自己的事，對別人的生活不感興趣。甚至你可能對自己太過嚴苛，腦中經常竄出負面想法，讓你難以積極參與、變成隱形人，或者很難接近？

前面這段關於社交恐懼或欠缺社交技巧的敘述，似乎是表示克服社交恐懼很容易；不，絕對不是。殘酷的現實是，人類天生就需要跟他人有情感聯繫，然而，社交互動卻要求我們先投入生活，持續練習才做得到。

連同前一段一起看，我只想說明，即使你心中充滿「我生性內向」、「獨來獨往」或經常感到「社交尷尬」，這些都只是自動出現的負面想法，你可以用新的眼光來看待它們，而且它們都是可以重新導向的內在路徑，或者透過練習來精進技巧，讓你邁向下一個階段。

若你對前一段內容心有戚戚焉，請記住，你是鼓起很大的勇氣和自我疼惜來面對這些念頭，你做得很棒了！你是從內心出發，戰勝孤獨的先驅。但若你需要協助，也請主動找朋友、心理治療師或正念導師談談。

在我的正念生命力與老化課程上，許多學員都覺得了解何謂自我疼惜並進行練習，非常有幫助。大家都說，這是這堂課帶給他們的最大收穫，也都認為自我疼惜是一項技能，有助於應付老年帶來的挑戰。

將自己視為朋友，會給你堅實的力量。當我們希望朋友在某件事上成功，卻看到他們失敗或受苦，就會給他們鼓勵、關愛與安慰，因為我們知道他們需要這類支持才能夠重新站起來。挑釁和批評無法幫助我們度過難關，也無法鼓勵我們繼續學習，向前邁進。若我們看到小孩在練習走路、說話或吃喝時就任意指責，會養出什麼樣的小孩？

對待自己也是同樣的道理。自我批評會讓自己變得無力、心碎煩惱；但是，愛自己會使我們更有力量，在我們深陷於無益的信念或不健全的模式時，幫助我們看清現實。愛、善良和同情，是我們亟需培養的特質，並使我們能夠接納人生中各種殘酷現實（包括老化），並適當調整做法。

第八至十章檢視了培養正確的心態，以迎向人生中的挑戰。到目前為止，大部分努力都有賴於持續練習內心的正念肌肉。有時候，光是改變心態就會有所改變。但有時，我們得大幅改變生活方式才行。最後一章會聚焦於外部事物，探討要運用哪些方式來適應生活上的變化。

開始練習：練習關愛自己和他人

本章繼續檢視老化曲線向上架構的第四個階段：擁抱它！我們檢視了為自己和他人培養「關愛的心態」（eMBrACe 中的「A」）。

重點如下：

- 擁有社交關係，有助於提升幸福感。
- 「愛」、「同情」、「關懷」這類字眼，往往被視為無用的軟技能，實際上卻是核心能力，要是少了它們，我們根本活不下去。
- 人的內心有兩股力量，對於親近之人有善意和同情，而對於可能造成威脅的外人則有挑釁欺侮的心態。你有權決定要培養哪一種力量。
- 社會認同理論解釋了人們是基於什麼標準來區分內團體（小圈子）與外團體。要經營精采的生活，可以先試著拓展自己的小圈子，多看自己和他人之間的相似處，而非強調差異。

- **練習某些類型的冥想，培養微小時刻的連結，有可能鍛鍊我們去關愛的能力。**
- **自我疼惜是一項技能，多多練習，你會更懂得疼惜自己。**
- **老年人普遍感到孤單，但我們可以靠自己努力，透過很多方式緩解孤獨感。**

「用自我關愛面對挑戰」和「慈愛冥想（metta）」皆是引導式冥想，可以幫助你練習本章提到的技巧。

如欲取得音檔，請掃描此處QR code，或上網站：www.ageingupwards.com

第11章

致力於積極適應老年生活

每回我以正念為題到企業演說或辦工作坊時，總是有聽眾露出不耐的神色，說：「叫我們閉上眼睛、坐在墊子上，是不可能改變什麼的。我們應該認真一點，做點什麼事吧！」或許你也有同樣的感受，不太相信靜坐能夠創造更好的人生。答案是「當然不行」，光靠靜坐是辦不到的。現在，該加入最後一個要素，也就是首字母縮略字 eMBrACe 的「C」，代表致力於積極適應新環境。

在此，我要請你回想第二章介紹的功能性情境論，前文以一把用了多年的菜刀為例，雖然它的刀鋒鈍了，但依然具有各式各樣的效用。我在第二章提到，每個人都有必要將人生視為持續變動的情境，由於情境會逐漸遞換，我們得要找到創新靈活的方式去適應，配合各種變化。我們已經完成基本工作，也透過老化曲線向上架構，反覆經歷正念迴路，做足了心理準備。現在，我們得採取行動才行。

在新情境中找到人生的目的

沿用鈍菜刀的比喻，我們有一些做法能夠讓這把刀在新情境下發揮用處。我們要為它「選擇」新用途，針對這項用途讓刀子「最適化」，接著，也許能找到一種方式「補償」已經喪失的用途。這三個詞彙來自於夫妻檔心理學家保羅與瑪格麗特・波茲（Paul and Margaret Baltes）提出的SOC模式，即選擇（selection）、最適化（optimization）與補償（compensation），涵括下列三種自我調節的策略，以便達成適應：[121]

- **選擇：著重於決定在何處集中資源，並且在某個領域設立目標。最適化與補償則在於找到方法來達成目標。**
- **最適化：表示從自身的長處與能力出發，盡可能培養潛力，以獲得最大益處。**
- **補償：指找到替代方案來達成目標，盡可能減輕損失。主要途徑有二：獲取新資源，或運用閒置的內部或外部資源。**

許多研究皆顯示，運用基於ＳＯＣ模式的策略來提升老年人的幸福感，不論是在「選擇某項能力，使其最適化」方面，抑或是「彌補衰退與失去」方面，均有正向結果。目前已證實，這項策略可提升人們對於老化的滿意度、增進正向情緒、減輕孤獨感，並且改善主觀的身體健康及幸福感。[122]

接下來，我會從這三個策略出發，分享如何將正念練習付諸行動。

暫停一下，先思考如何排列優先順序

如同第七章所述，我們若要過得健康愉快，最好選擇一項目的，並根據自身能力來調整目的。第八章也提到我們要做出抉擇，決定將注意力放在哪裡。做出抉擇和年紀無關，人們一輩子都在進行選擇，畢竟我們的時間和資源都有限，無法顧好每一件事。很多時候，我們是無意識地做出選擇，盡快處理看似緊急的事，或只是因為有人大聲叫喊，無法充耳不聞。

在我開設的正念生命力與老化課程上，我注意到許多學員設法一手包辦所有事（經常同時處理好幾件事），任憑周遭的人或工作的完成期限來支配，被迫決定要將稀少資源用在什麼地方。練習正念使他們不再焦躁匆忙，會暫停一下，清楚覺察到事情的優先順序。如果你已經退休，大概不太需要擔心完成期限的問題，但你還是會發現總是有人要替你決定該將注意力放在哪些事情上，有可能是家人或醫師好心勸你不要冒險，要以安全為重；也可能是你對於退休人士「應該」怎麼過生活有先入為主的想法，只是沒覺察到而已。

先暫停一下，讓你能夠更明智地排列優先次序。前幾章提過的內觀大師史帝芬．湯瑪斯表示「不做的力量」和「掌握停止的祕訣」是冥想的好處。無獨有偶的，那些參與正念生命力與老化課程的學員也紛紛指出，培養「暫停、後退一步、從容觀察」的習慣，給予了極大的幫助，使他們更能夠重新啟動，並且以覺察、開放、接納與自我疼惜的態度來面對生活，不論是順境或逆境。

有位學員是這麼說的：「有時候，全部的想法會累積起來，有時候你只是在兜圈子。這是我學到的教訓，也是我發現正念非常有用的地方。我的思緒能夠重新被設定，我也跨出了圈子，隔著一段距離看清楚全貌。」

你可以根據眼前的情況，考量是否要盡快做決定，讓自己暫停一分鐘、四十分鐘，甚至幾天後再做決定。如果你定期練習老化曲線向上架構的正念迴路，就會更懂得應付緊急狀況；即使你置身於充滿壓力與挑戰的環境，也能夠應付裕如。反過來說，假如你習慣抗拒令人不快的想法或情緒，不予理會，你就無法做足用正念方式回應負面情況的準備，好比說得知罹患重病的噩耗之際。

「暫停」還有一個很大的益處。花些時間倒退一步，專心呼吸或者留意雙腳踩在地板上的感覺，你的神經系統自然會平靜下來。此時，你原本活躍的交感神經系統（由壓力引起，刺激你做出戰鬥、逃跑或僵住的反應）會停下來，而你的副交感神經系統（負責休息、消化、連結）會開始運作，使你感到平靜，這意謂著你的身體和心智不再認為自己立刻有危險，如此一來，你就不會只為了活命而倉促做決定。

設定有彈性的目標

我們不光是在選擇生活重心與目的時需要保持彈性，訂立目標時也要懂得靈活變通。

每個人一輩子都在設定目標，而且年輕時總覺得只要努力以赴，一定會達成目標。但隨著年紀增長，各種難以預測的因素層出不窮，會對我們的能力產生不利的影響，我們便得抱持更開放的態度，隨時調整目標。

若我們更加理解什麼才算是目標，也會有幫助。大多數人認為，訂立目標是為了有所成長或獲益。有項研究發現，年輕人的確渴望成長，想獲得更多，有追求成就的動機；但老年人並非如此。在上述研究中，老年人的動機是繼續保有目前擁有的一切。[123]

目標未必是某個目的地，例如我們亟欲攀登的山巔；也不一定是非成即敗的事物。目標也可能是一段持續努力的過程，譬如保持現狀。或許有時候我們比其他人更接近目標，但永遠沒辦法誇口說自己百分之百達成。但這種情況並非表示它不算是有效的目標，更不代表我們沒有達成目標。

前文提過的七十八歲的荷瑪－喬西・布葳格思，深知為自己訂立明確但不失彈性的人生目標很重要。她說：「的確，身體帶給我一些限制，但這些限制的性質沒有嚴重到讓我無法繼續生活。我只是要過另一種生活罷了。我每天都會和我的身體聊聊。我說：『我們有職責保持健康，我想要努力改善的問題是○○』，然後我會挑一天來努力改善。」但有時候狀況不太好，她會說：「嗯，今天我沒辦法做○○，那我還能怎麼辦？有時躺在沙發上耍廢，是今天最棒的事了。」

人們經常出現的疑問是：既然我們不再需要努力達成目標，為什麼還要為自己訂立目標呢？目標不就是為了幫助年輕人建立職涯和家庭嗎？但這種想法大錯特錯。不論年老或年少，「選擇目標」與「追求目標」對於身心健康而言都很重要，因為追求目標和幸福感之間有很強的關聯。[124]

首先，你達成目標後是否感到快樂並不重要，重要的是你有目標。擁有目標會帶來自我認同感，目標本身也會帶來方向感，同時，我們跨出一小步，一步步邁向目標，在在肯定了我們身為人的能動性與意志，進而會產生希望，讓我們自信滿滿。

其次，擁有目標會激勵我們做出改變，讓人生變得更好。大家都知道，要養成新習慣（例如多吃蔬菜或多運動）有多困難，而要革除壞習慣（例如抽菸）也一樣困難。有了目標便可以激勵我們，讓我們能夠堅持下去，以實現計畫或維持某種狀態，過更好的生活。這對於任何年齡的人來說都一樣。

遺憾的是，出於對老年人的刻板成見，年紀有可能限制我們成長的機會。[125]因此，每當我們在做出選擇、設定目標時，都得確認自己是不是因為某種考量而裹足不前，抑或是年齡歧視的負面想法在作祟（可參見第八章）。

當然，伴隨年齡歧視而來的一點好處是：社會對於老年人的期望降低，因此，一旦我們變老，功成名就的壓力隨之減輕，不僅讓我們鬆了一口氣，我們也可以自由決定要為自己設立哪些目標，要怎麼做才會達成目標。

達成自己的目標

一旦我們針對自己的優先順序和目標做出明智的抉擇，接下來就要活化內部或外部資源，努力實現目標。我們可以運用既有資源，也可以設法獲得新資源。舉個例子，如果你跟第一章提到的瑞塔一樣，因為肩膀鈣化嚴重，無法做瑜伽，打算找另一種方式讓身體動起來，你就必須找出最適合的方案，以達成這項目標。

或許你可以用更強的意志力來克服運動的阻礙，或者重燃對於學習新知的熱愛，甚或詳細規畫學習太極、氣功或類似運動的方式、時間和地點。也許你會想辦法逼自己每天試做一集網路影片，像是在客廳騰出一塊地方，專用來錄節目。又或者你會向朋友尋求支持，約好一起去上課。以上列舉數種方法，你一定可以想出更多辦法，盡可能實現自己的目標。

重要的是，我們要在實現目標的過程中保持靈活，視情況調整。在某些日子裡，我們的身體和認知功能很好，但有時候的狀況卻不太好。因此，我們最好學會活用 eMBrACe 這一套心法來化解挑戰，亦即注意、標記並了解自身的經驗，選擇一種心態（Mindset），它是寬廣（Broad）又充滿關愛（Affectionate），最後再根據自身情況，致力於（Commit to）適應。

未能達成目標，不一定表示你的老年生活過得不夠健康，或許恰好相反，這可能是不錯的跡象，代表你確實以正念方式在回應生活，能夠適時停下腳步，傾聽身體和心靈所傳達的訊息。

如果你定期練習正念，便會發現達成目標只會帶給你短暫的快樂，但在朝著目標努力的過程中，所培養出的充滿同情與接納的心態，能夠帶給我們更長久的快樂、滿足與洞察力。健康的老年生活在於找出平衡，既要堅持自律，追求使生活變得更好的目標，同時還要接納那些使生活變得不太順暢的事物。

找到主動控制感

不論一個人有什麼樣的目標，都必須相信自己能夠達成，或至少愈來愈接近目標。正向心理學家瑞克．史奈德（Rick Snyder）針對「希望」進行了開創性研究。他表示，有兩項因素足以決定一個人是否能夠塑造未來：意志力（willpower），即此人塑造未來的意願；方法（waypower），即此人有能力確認途徑，去邁向心所嚮往的未來。[126]我們在這兩方面的得分愈高，就愈有能力塑造未來，應付艱困的挑戰。坊間有大量書籍提供實用的建議，教導讀者增強「尋找途徑的能力」，以達成目標，因而我不再贅述，只談意志力，因為它跟我們的心智能力有關，而且可以透過正念加以鍛鍊。

人們的意志力有賴於自我效能（self-efficacy），[127]這是指一個人相信自己有能力主導生活大小事。要是努力不會有回報，那麼沒有一個正常人會為此努力。在老年人當中，高度自我效能長期以來跟增進整體健康、[128]提升活力、增進睡眠品質、減輕疼痛不適，以及對生活的整體滿意度[129]有關。遺憾的是，研究已經發現，當一個人年歲漸長，就很容易喪失主動控制感（這類似於自我效能）。[130-131]

因此，目前已研擬出多種介入措施，有助於幫助人們相信自己有能力主導生活大小事。[132]某些介入措施著重於身體與心智的連結，[133]也頗有成效，我的正念生命力與老化課程也是其中一種介入措施。課堂上的學員在練習正念之後，會產生一些體悟，其中一項便是：雖然人們無法避免某些能力出現衰退，但保有心理上的彈性，能使我們有主動控制感，可以運用其他能力來補償。

透過接納來獲得補償

SOC模式中的最後一項適應策略是「補償」。這無疑是最難執行的策略，因為我們必須先接受失去（或失落）。我就看過一些老年人，寧可整天在屋內坐著，也不肯騎電動代步車出門見識外面的世界。

你大概以為，那些專為長者設計的產品：電動代步車、輪椅、輪椅升降臺等，有效彌補了老年人心有餘而力不足的境況，讓長者能夠繼續獨立生活。但有時也會出現其他情況，因為騎上電動代步車就必須先從內心接受自己殘障的事實，可能引起許多不快的聯想，像是要依靠別人、對社會沒有貢獻。

許多人在心理上無法接受被迫用別種方式補償，但還有別的辦法嗎？通常是沒有，因為你找不到其他方式讓自己過得更好。若你不肯接受現狀，對失去做出補償，最終你會承受更多次要痛苦。值得慶幸的是，雖然我們不能改變情況，依然能夠改變我們和現狀之間的關係。在納粹大屠殺中逃過死劫的維克多．弗蘭克曾說：「人可以被奪走一切，但有一樣東西無法被奪走，那就是人類最後的自由：在任何情況下都可以決定自己的態度，決定你要怎麼做。」[134]

以賽巴斯坦為例，他在瑞士的山區長大，習慣了山中清新涼爽的空氣，一輩子都在這樣的環境中健行，樂此不疲。但到了六十五歲左右，他的平衡感變差，有時會跌跤，在崎嶇不平的山中健行時總是不太安心。

然而，他開始有這樣的念頭：「我一定要登山健行，山是我的熱情、我的避難所，群山是我生命的一部分。」「我要是不能健行，就沒辦法享受人生了。」這些念頭助長了更多批判性的看法，使他對於行動受限一事更加自責與抗拒。

他不考慮採取補償行為，於是陷入了惡性循環：先是有負面想法和情緒，後來養成打電子遊戲的壞習慣，好讓自己分心。妻子受不了他老是心情差，試圖打破這種惡性循環。她知道，賽巴斯坦滿心以為沒有任何活動能夠取代山中健行。所以，她決定替他尋找其他選項。

她為兩人在荷蘭的某個平原地區預訂了週末要入住的客房，同時預先做足功課，找到幾條不錯的健行路線。這些路線是沿著鋪設好的道路行走，而且途中還會經過幾家氣氛溫馨的餐廳，夫妻倆可以進去享用午餐，放鬆地休息過後再繼續健行。

賽巴斯坦實際體驗後，覺得這樣很好，雖然他更喜歡在瑞士山中健行，但這樣也比待在家裡生悶氣好。他找到了一種補償方式，重拾自己親近大自然的樂趣，並找回自己身體的節奏與夫妻間的默契。有時，人們需要別人幫忙，才能嘗試各種替代方案。

我深信，如果大家練習老化曲線向上架構的正念迴路，必定更有能力找到補償的方法，進而避免受次要痛苦。若賽巴斯坦那時有做正念練習，就會注意到某些負面想法會自動冒出來，也會發現自己有不健康的行為模式。他會覺察到，夫妻間所承受的不愉快的後果，是自己一手造成的，也能夠用寬廣的眼界看待這項覺知。

相關研究早已證實這一點。研究人員在探究應用SOC模式的成效時，發現了「接納」是共通的特質；他們還注意到，那些比較能接受自身健康狀況的受試者更善於適應。135

將全副身心投入當下

最後用我自己的故事作結。我祖母有一片小森林，其中有一棟小木屋。她沒有住在那裡，因為房屋蓋得很原始，並沒有接電，附近也沒有鄰居。但她一有時間就會開車去那裡，因為那裡顯示了她的為人和過生活的方式。一家人會在這裡慶祝復活節，或者挑一棵樹，砍下來當聖誕樹。在家庭聚會的空檔期間，她會好好照顧這片森林，砍伐樹木，也栽種新樹。

她的老友克里斯頓．艾納（Christian Ejnar）每天都會跟她一起過去，直到九十五歲過世為止。後來，她便自己一個人去。然而，她日益衰老，必須視情況做出選擇，找出最適合的做法，用其他方式來補償。慢慢地，她能做的事愈來愈少，經常需要依賴別人的幫助。家人開始擔心她使用電鋸有危險，還說為了安全起見，她出門時一定要帶手機。最後，她要靠別人開車載她去那裡。當她去不了的時候，她在自家房屋的小花園裡發現樂趣，當作補償。

在祖母大限將至之時，我開車送她去這片她鍾愛的森林，待了幾個小時。當時，她已經不能下車，所以我們只是打開車門，安靜地坐在那裡。我祖母沒聽過「正念」這個詞，但她在自己的森林裡時，非常專注於當下。

那一天，春光明媚，山毛櫸樹的葉片綠油油。周遭生機盎然，鳥在鳴唱、蜜蜂忙著採花蜜，蚊子也來叮咬我們。那是神奇的體驗，我想，雖然祖母已經走到生命終點，卻在那一刻充分感受到生命。當然，她應該更希望自己是去那裡工作，有充沛的體力在森林裡走路，但她僅僅是活在當下，就獲得了補償。

豐沛精采的生活來自於時時刻刻。新的一刻裡，有值得哭泣，也有值得歡悅的事物。不論你現在幾歲，別為了失去青春而懊悔，也無須擔憂年華老去。若你注意、標記並了解到生命來臨，願意擁抱生命，你隨時能夠在每一時、每一刻發現值得學習及讚賞的事物。

如同九十一歲的維葛．烏若普神父所說：

太陽爲年輕人照耀，

也爲我輩老人照耀。

開始練習：致力於積極適應老年生活

本章繼續檢視老化曲線向上架構的第四個階段：擁抱它！我們檢視了eMBrACe中的「C」，即「致力於積極適應新的環境和狀況」。

重點如下：

- **SOC模式（選擇、最適化、補償），是指三種用來適應人生和老化的策略。**
- **暫停下來觀照內心、進行反省，就可以更加明智地運用資源，排列優先順序。**
- **追求目標和幸福感之間有相當大的關聯。**
- **若要達成目標，擁有主動控制感極其重要。讓身體和心智相連結是一項能力，運用這項能力便可以增強主動控制感。**
- **由於身體機能衰退，被迫用別的方式補償，會讓人難受。但定期練**

習老化曲線向上架構的正念迴路，可以幫助大家用接納的心態面對補償。

「老化曲線向上」是較長的引導式冥想，可以幫助你練習老化曲線向上架構的所有技巧。若你定期練習這項正式的冥想，就能培養出正念覺察和好習慣，會更有力量積極適應人生的新篇章。

如欲取得音檔，請掃描此處QR code，或上網站：www.ageingupwards.com

後記

二十年前，我在軍中的同僚對我說年紀大了很討厭，事實真是如此嗎？我們要怎麼敞開心胸接受變老這件事？在本書完成後，我有什麼樣的結論呢？以下是我的回答。

最近我度完長假回來，發現小花園裡的植物長勢實在驚人，幾乎失去了控制。這些日子以來，陽光、溫度和自動灑水系統，使得花園欣欣向榮，我喜愛的植物和不想要的雜草都往上竄高。不請自來的蛞蝓大口吃下了我花許多錢買來的植物，貓在土壤上便溺。花園若是無人打理，就會落得這種下場。

我們的心就像花園，假如我們沒有刻意栽培某些植物，讓它們生長得比其他植物更茂盛，花園就可能會變成我們不喜歡的樣子。幾股強烈的自然力量不時地侵襲這片花園，而我們必須留意並回應這些力量，才能夠將它們順利帶往某個方向。

同樣的道理，如果我們想要過好生活，順利老化，也需要用明智的方式來培養心智。如果你覺得自己活得很糟糕，就會覺得變老很討厭。變老這件事，確實會帶來很多令人不快的挑戰，卻未必會掩蓋了其他事物的美好。

生命中有愉悅和苦痛、美麗與醜陋、不留情面的攻擊和發自內心的憐憫。我們所餵養的，將會變得更壯大。若我們用覺察、接納與愛心，坦然接受自己不想要的事物，這股不想要的力量便會減弱，而這正是需要練習的生活技能。

若要確保晚年生活過得豐沛有活力，最佳方式是從現在開始好好照顧自己，不論你今年幾歲都不嫌晚。若你從現在開始培養有益的習慣，學會用心覺察，那麼，你不僅能活得長壽，還能擁有充實且有意義的人生。

我的結論是：擁抱生活——無論好壞——就能全心擁抱變老這件麻煩事，也邀請你跟我一起這麼做。如此一來，我們就會愈活愈好，老化曲線持續向上。

致謝

我要感謝每一個鼓舞過我的人，其中幾位甚至願意接受我的訪談。這些睿智人士包括：內觀中心的老師麥可．赫爾默；資深正念老師，同時也是我的心靈導師——凱西．沃德；退休神父暨安寧照護志工維葛．烏若普、經驗老到的內觀大師史帝芬．湯瑪斯、人生教練荷瑪—喬西．布葳格思、天敬．科彭斯禪師、哥本哈根大學的老年醫學教授魯迪．韋斯滕多普，以及萊頓生命力與老化學院碩士學程的教師和同學、兩位指導教授——大衛．范．博德戈姆及法蘭克．沙維奇，還有布倫達．奇爾德斯（Brenda Childers）、考特尼・史密斯・范・里傑（Courtney Smith van Rij）、雅基・費爾布拉斯（Jacqui Fairbrass），以及上過我的正念課程的每個人，也謝謝你們反過來教導我許多人生道理。我還要感謝了不起的艾麗森・瓊斯（Alison Jones）和她帶領的 Practical Inspiration Publishing 團隊，以及我身旁的夥伴，感謝你們在我初踏入出版世界時，協助我完成寫書、出版及宣傳新書的流程。

我最想感謝史帝夫在各方面的支持。雖然目前還不知道我們會有什麼結局，但不論我們是否修成正果，我知道自己只想跟你一起變老。

引導式冥想清單

以下的引導式冥想音檔，可以到 www.ageingupwards.com 下載。

練習——注意它

第三章介紹的技巧：

・注意它

・玩一場注意力的遊戲

練習——標記它

第四章介紹的技巧：

・標記它：為經驗命名

・身體掃描

・正念動作

練習——了解它

第五章介紹的技巧：

・練習注意它、標記它、了解它

・暫停練習

第六章介紹的技巧：

・探索我的自我

・找出適合我的短句

第七章介紹的技巧：

・為生活找到熱情

練習——擁抱它

第八章介紹的技巧：

・察覺自身的思緒

・重新建構對於老化的觀點

第九章介紹的技巧：

・探索念頭、情緒和身體上的感覺

・探索愉快、中性和不愉快的感覺

第十章介紹的技巧：

・用自我關愛面對挑戰

・慈愛冥想（metta）

練習——老化曲線向上架構的所有技巧

・老化曲線向上

附註

1 *Embrace*, Collins dictionary. Available from: www.collinsdictionary.com/dictionary/english/embrace

2 S. Bates, *Lifespan is continuing to increase regardless of socioeconomic factors, Stanford researchers find*, Stanford News (6 November 2018). Available from: https://news.stanford.edu/2018/11/06/lifespan- increasing-people-live-65/

3 *The new map of life*, Stanford Center on Longevity. Available from: https://longevity.stanford.edu/the-new-map-of-life-report/

4 這是年輕（十五歲及以下）和年老（六十五歲及以上）的受扶養者，與工作年齡人口（十五至六十四歲歲）的比率。數據來自：*Population structure and ageing*, Eurostat Statistics Explained. Available from: https://ec.europa. eu/eurostat/statistics-explained/index.php?title=Population_structure_and_ageing#Slightly_more_than_three_persons_of_working_age_for_every_person_aged_65_or_over

5 「麥克正念」一詞，最早是由羅恩．珀瑟（Ron Purser）和大衛．洛伊（David Loy）在〈超越麥克正念〉（Beyond McMindfulness, HuffPost, 2013）一文中提出，取自：www.huffpost.com/entry/beyond-mcmindfulness_b_3519289。這個詞彙也是羅恩．珀瑟之著作的書名：《麥克正念：正念如何成為新資本主義精神》（*McMindfulness: How mindfulness became the new capitalist spirituality*, Repeater, 2019）。

6 正念生命力與老化課程是由喬．卡巴金所開發的。

7 Y-Y. Tang, Y. Ma, Y. Fan, H. Feng, J. Wang, S. Feng, Q. Lu, B. Hu, Y. Lin, J. Li, Y. Zhang, Y. Wang, L. Zhou and M. Fan, ‘Central and autonomic nervous

system interaction is altered by short-term meditation' in *Proceedings of the National Academy of Sciences of the United States of America*, 106 (22), 8865–8870 (2009).

8 D. Goleman and R.J. Davidson, *The science of meditation: How to change your brain, mind and body* (Penguin Life, 2017).

9 D.G. Blanchflower, 'Is happiness U-shaped everywhere? Age and subjective well-being in 145 countries' in *Journal of Population Economics*, 34 (2), 575–624 (2021).

10 C. Graham, *Happiness around the world: The paradox of happy peasants and miserable millionaires* (Oxford University Press, 2009).

11 J. Tseng and J. Poppenk, 'Brain meta-state transitions demarcate thoughts across task contexts exposing the mental noise of trait neuroticism' in *Nature Communications*, 11: 3480 (2020).

12 After School, *Life is NOT a journey – Alan Watts*, YouTube. Available from:

https://youtu.be/rBpaUICxEhk

13 *How and why do we age?*, Max Planck Institute for Biology of Ageing. Available from: www.age.mpg.de/healthy-ageing/how-and-why- do-we-age

14 T.B.L. Kirkwood and S. Melov, 'On the programmed/non- programmed nature of ageing within the life history' in *Current Biology*, 21 (18), R701–R707 (2011).

15 老化的九個標誌是：基因組不穩定、端粒磨損、表觀遺傳學改變、喪失蛋白質穩態、營養感應失調、粒線體功能障礙、細胞老化、幹細胞耗竭，以及細胞間傳訊的改變。參見 C. López-Otín, A. Blasco, L. Partridge, M. Serrano and G. Kroemer, 'The hallmarks of aging' in *Cell*, 153 (6), 1194–1217 (2013).

16 貝絲・紐科姆（Beth Newcomb）在報導中指出：南加州大學李奧納多戴維斯老齡學院（Leonard Davis School of Gerontology）的教授艾琳・克里明斯（Eileen Crimmins）表示，將社會和行為因素與生物機制結合起來，對於改善老化的研究至關重要（二〇二〇年）。取自：https:// gero. usc.edu/2020/12/03/usc-aging-biology-social-factors/

17 *Health*, Merriam-Webster.com Dictionary. Available from: www. merriam-webster.com/dictionary/health?src=search-dict-box

18 M.A. von Faber, A. Bootsma-van der Wiel, E. van Exel, J. Gussekloo, A.M. La-gaay, E. van Dongen, D.L. Knook, S. van der Geest and R.G.J. Westendorp, 'Successful aging in the oldest old: Who can be characterized as successfully aged?' in *Archives of Internal Medicine*, 161 (22), 2694–2700 (2001).

19 G.L. Albrecht and P.J. Devlieger, 'The disability paradox: High quality of life against all odds' in *Social Science & Medicine*, 48 (8), 977–988 (1999).

20 值得注意的是，二〇二〇年一項針對美國六十歲以上族群的幸福感研究中，有三十三%的老年人體驗到多面向的幸福感，但只有四%到十八%的身心障礙老年人表示，他們在物質舒適度、健康狀況和個人活動等方面，體驗到幸福感。不過，他們在健康保險狀況和社會連結／關係方面，跟正常老年人一樣幸福。參見 S. Mitra, D.L. Brucker and K.M. Jajtner, 'Well-being at older ages: Towards an inclusive and multidimensional measure' in *Disability and Health Journal*, 13 (4): 100926 (2020).

21 A. Officer, J.A. Thiyagarajan, M.L. Schneiders, P. Nash and V. de la Fuente-Núñez, 'Ageism, healthy life expectancy and population ageing: How are they related?' in *International Journal of Environmental Research and Public Health*, 17 (9): 3159 (2020).

22 *Global report on ageism*, World Health Organization. Available from: www.who.int/teams/social-determinants-of-health/demo graphic-change-and-healthy-ageing/combatting-ageism/global- report-on-ageism

23 這個數字是二〇二〇年當時六十五歲以上的人口數。參見 United Nations Department of Economic and Social Affairs, Population Division, *World Population Ageing 2020: Highlights* (2020). Available from: www.

un.org/development/desa/pd/sites/www.un.org.development.desa.pd/files/undesa_pd-2020_world_ population_ageing_highlights.pdf

24 *Constitution*, World Health Organization. Available from: www.who.int/about/governance/constitution

25 E.J. Lenze, S. Hickman, T. Hershey, L. Wendleton, K. Ly, D. Dixon, P. Doré and J.L. Wetherell, 'Mindfulness-based stress reduction for older adults with worry symptoms and co-occurring cognitive dysfunction' , in *International Journal of Geriatric Psychiatry*, 29 (10), 991–1000 (2014).

26 W.J. Rejeski, 'Mindfulness: Reconnecting the body and mind in geriatric medicine and gerontology' in *Gerontologist*, 48 (2), 135–141 (2008).

27 S. Ernst, J. Welke, C. Heintze, R. Gabriel, A. Zollner, S. Kiehne, U. Schwantes and T. Esch, 'Effects of mindfulness-based stress reduction on quality of life in nursing home residents: A feasibility study' in *Forsch Komplementmed*, 15 (2), 74–81 (2008).

28 A.M. Gallegos, J. Moynihan and W.R. Pigeon, 'A secondary analysis of sleep quality changes in older adults from a randomized trial of an MBSR program' , in *Journal of Applied Gerontology*, 37 (11), 1327–1343 (2018).

29 C.M. Smart, S.J. Segalowitz, B.P. Mulligan, J. Koudys and J.R. Gawryluk, 'Mindfulness training for older adults with subjective cognitive decline: Results from a pilot randomized controlled trial' in *Journal of Alzheimer's Disease*, 52 (2), 757–774 (2016).

30 J.D. Creswell, M.R. Irwin, L.J. Bucklund, M.D. Lieberman, J.M.G. Arevalo, J. Ma, E.C. Breen and S.W. Cole, 'Mindfulness- based stress reduction training reduces loneliness and pro- inflammatory gene expression in older adults: A small randomized controlled trial' , in *Brain, Behavior, and Immunity*, 26 (7), 1095– 1101 (2012).

31 D.C. Parra, J.L. Wetherell, A. Van Zandt, R.C. Brownson, J. Abhishek and E.J. Lenze, 'A qualitative study of older adults' perspectives on initiating exercise and mindfulness practice' in *BMC Geriatrics*, 19 (1): 354 (2019).

32 S.Y.H. Li and D. Bressington, 'The effects of mindfulness-based stress reduction on depression, anxiety, and stress in older adults: A systematic review and meta-analysis' in International Journal of Mental Health Nursing, 28 (3), 635–656 (2019).

33 O. Klimecki, N.L. Marchant, A. Lutz, G. Poisnel, G. Chételat and F. Collette, 'The impact of meditation on healthy ageing – the current state of knowledge and a roadmap to future directions' in *Current Opinion in Psychology*, 28, 223–228 (2019).

34 例如，目前正在研究正念如何影響端粒的長度。相關研究還發現，冥想可以減少發炎的情況；發炎與我們的生物衰老過程密切相關，研究人員為此還提出了「發炎中」（inflammaging）一詞。

35 A.M. van Loon, M.F.I.A. Depla, C.M.P.M. Hertogh, M. Huisman and A.A.L. Kok, 'The disability paradox? Trajectories of well-being in older adults with functional decline' in *Journal of Aging and Health*, 35 (1–2), 125–137 (2022).

36 有關「功能性情境論」相關研究的絕佳切入點，可以在史蒂文・海耶斯（Steven C. Hayes）發表於情境行為科學協會（Association for Contextual Behavioral Science）網站上的〈ACT證據狀態〉（*State of the ACT evidence*）一文找到。（編註：ACT為「接納與承諾療法」〔Acceptance and commitment therapy〕的簡稱。）取自：https://contextualscience.org/state_of_the_act_evidence

37 *The Global Health Observatory, Healthy life expectancy (HALE) at birth (years)*, WHO. Available from: www.who.int/data/gho/data/indicators/indicator-details/GHO/gho-ghe-hale-healthy-life- expectancy-at-birth

38 *Life expectancy*, Statistics Netherlands (CBS). Available from: https://longreads.cbs.nl/european-scale-2019/life-expectancy/

39 L.M. Fabbri and K.F. Rabe, 'From COPD to chronic systemic inflammatory syndrome?' in *Lancet*, 370 (9589), 797–799 (2007).

40 Y. Chen, Y. Peng and P. Fang, 'Emotional intelligence mediates the

relationship between age and subjective well-being' in *International Journal of Aging & Human Development*, 83 (2), 91– 107 (2016).

41 N.J. Shook, C. Ford, J. Strough, R. Delaney and D. Barker, 'In the moment and feeling good: Age differences in mindfulness and positive affect' in *Translational Issues in Psychological Science*, 3 (4), 338–347 (2017).

42 可參見以下資料：L.C. Hohaus and J. Spark, 'Getting better with age: Do mindfulness & psychological well-being improve in old age?' in *European Psychiatry*, 28 (1) (2013); C.T. Mahoney, D.L. Segal and F.L. Coolidge, 'Anxiety sensitivity, experiential avoidance, and mindfulness among younger and older adults: Age differences in risk factors for anxiety symptoms' in *The International Journal of Aging & Human Development*, 81 (4), 217–240 (2015).

43 M.A. Killingsworth and D.T Gilbert, 'A wandering mind is an unhappy mind' in *Science*, 330 (6006), 932 (2010).

44 C.J. Norris, D. Creem, R. Hendler and H. Kober, 'Brief mindfulness meditation improves attention in novices: Evidence from ERPs and moderation by neuroticism' in *Frontiers in Human Neuroscience*, 12: 315 (2018).

45 N. Kurmi, K. Bhagyalakshmi and R.D. Kini, 'Effect of mindfulness meditation on attention and working memory in elderly people' in *Indian Journal of Clinical Anatomy and Physiology*, 6 (1), 73–76 (2019).

46 可參見以下資料：G. Robertson and R. Litherland, 'Mindfulness meditation: Can it make a difference?' in *The Journal of Dementia Care*, 22, 31–33 (2014); W.P. Wong, J. Coles, R. Chambers, D.B. Wu and C. Hassed, 'The effects of mindfulness on older adults with mild cognitive impairment' in *Journal of Alzheimer's Disease Reports*, 1 (1), 181–193 (2017).

47 Y. Chen, J. Zhang, T. Zhang, L. Cao, Y. You, C. Zhang, X. Liu and Q. Zhang, 'Meditation treatment of Alzheimer disease and mild cognitive impairment: A protocol for systematic review' in *Medicine (Baltimore)*, 99 (10): e19313

(2020).

48 P. Lorenz-Spreen, B.M. Mønsted, P. Hövel and S. Lehmann, 'Accelerating dynamics of collective attention' in *Nature Communications*, 10: 1759 (2019).

49 C.L. Grady, M.V. Springer, D. Hongwanishkul, A.R. McIntosh and G. Winocur, 'Age-related changes in brain activity across the adult lifespan' in *Journal of Cognitive Neuroscience*, 18 (2), 227–241 (2006).

50 S. Fountain-Zaragoza and R.S. Prakash, 'Mindfulness training for healthy aging: Impact on attention, well-being, and inflammation' in *Frontiers in Aging Neuroscience*, 9: 11 (2017).

51 W.D. Stevens, L. Hasher, K.S. Chiew and C.L. Grady, 'A neural mechanism underlying memory failure in older adults' in *Journal of Neuroscience*, 28 (48), 12820–12824 (2008).

52 若需更多資訊，請參見內觀冥想（Vipassana Meditation）的網站：www.

dhamma.org

53 J. Kabat-Zinn, *Wherever you go, there you are: Mindfulness meditation in everyday life* (Hyperion, 1994), p. 4.

54 M. Csikszentmihalyi, *Flow: The psychology of optimal experience* (Harper and Row, 1990).

55 T.D. Wilson, D.A. Reinhard, E.C. Westgate, D.T. Gilbert, N. Ellerbeck, C. Hahn, C.L. Brown and A. Shaked, 'Just think: The challenges of the disengaged mind' in *Science*, 345 (6192), 75–77 (2014).

56 D. Kahneman, *Thinking, fast and slow* (Farrar, Straus and Giroux, 2013).

57 R. Harris, *The struggle switch*, YouTube. Available from: https://youtu.be/rCp1l16GCXI

58 Dr. J. Bolte Taylor, *My stroke of insight* (Penguin, 2006).

59 我無法找到維克多・弗蘭克說這句話的出處。

60 C. Dovey, '*What old age is really like*' in New Yorker (1 October 2015). Available from: www.newyorker.com/culture/cultural- comment/what-old-age-is-really-like

61 M.A. Harris, C.E. Brett, W. Johnson and I.J. Deary, 'Personality stability from age 14 to age 77 years' in *Psychology and Aging*, 31 (8), 862–874 (2016).

62 See K.M. Sheldon and S. Lyubomirsky, 'Revisiting the sustainable happiness model and pie chart: Can happiness be successfully pursued?' in *The Journal of Positive Psychology*, 16 (2), 145–154 (2021).

63 J. Anglim and S. Grant, 'Predicting psychological and subjective well-being from personality: Incremental prediction from 30 facets over the big 5' in *Journal of Happiness Studies*, 17 (1), 59–80 (2016).

64 S. Roccas, L. Sagiv, S.H. Schwartz and A. Knafo, 'The big five personality factors and personal values' in *Personality and Social Psychology Bulletin*,

28 (6), 789–801 (2002).

65 B.W. Roberts, J. Luo, D.A. Briley, P.I. Chow, R. Su and P.L. Hill, 'A systematic review of personality trait change through intervention' in *Psychological Bulletin*, 143 (2), 117–141 (2017).

66 P. Steel, J. Schmidt and J. Shultz, 'Refining the relationship between personality and subjective well-being' in *Psychological Bulletin*, 134 (1), 138–161 (2008).

67 J. Sun, S.B. Kaufman and L.D. Smillie, 'Unique associations between big five personality aspects and multiple dimensions of well-being' in *Journal of Personality*, 86 (2), 158–172 (2018).

68 N. Pornpattananangkul, A. Chowdhury, L. Feng and R. Yu, 'Social discounting in the elderly: Senior citizens are good Samaritans to strangers' in *The Journals of Gerontology: Series B Psychological Sciences and Social Sciences*, 74 (1), 52–58 (2019).

69 M.J. Poulin and C.M. Haase, 'Growing to trust: Evidence that trust increases and sustains well-being across the life span' in *Social Psychological and Personality Science*, 6 (6), 614–621 (2015).

70 S. Scheibe and L.L. Carstensen, 'Emotional aging: Recent findings and future trends' in *The Journals of Gerontology: Series B Psychological Sciences and Social Sciences*, 65B (2), 135–144 (2010).

71 N.W. Hudson, *Personality trait development and social investment in work* (Master's thesis, University of Illinois at Urbana Champaign, 2011). Available from: https://core.ac.uk/download/pdf/4834216. pdf

72 D. Goleman and R.J. Davidson, *The science of meditation: How to change your brain, mind and body* (Penguin Life, 2017).

73 K.D. Le Nguyen, J. Lin, S.B. Algoe, M.M. Brantley, S.L. Kim, J. Brantley, S. Salzberg and B.L. Fredrickson, 'Loving-kindness meditation slows biological aging in novices: Evidence from a 12-week randomized controlled trial' in *Psychoneuroendocrinology*, 108, 20–27 (2019).

74 A. Steptoe and D. Fancourt, 'Leading a meaningful life at older ages and its relationship with social engagement, prosperity, health, biology, and time use' in *Proceedings of the National Academy of Sciences of the United States of America*, 116 (4), 1207–1212 (2019).

75 E. Cumming and W.E. Henry, *Growing old* (New York, 1961).

76 R.C. Atchley, 'Activity theory' in R. Schulz (ed.) *The encyclopedia of aging, fourth edition, volume 1: A–K* (Springer Publishing Company, 2006), pp. 9–13.

77 P. Gilbert, *The compassionate mind: A new approach to life' s challenges* (New Harbinger, 2009).

78 R.G. Westendorp and F.H. Schalkwijk, 'When longevity meets vitality' in *Proceedings of Nutrition Society*, 73 (3), 407–412 (2014).

79 R.G. Westendorp and F.H. Schalkwijk, 'When longevity meets vitality' in *Proceedings of Nutrition Society*, 73 (3), 407–412 (2014), p. 410.

80 S. Oishi and E.C. Westgate, 'A psychologically rich life: Beyond happiness and meaning' in *Psychological Review*, 129 (4), 790–811 (2021).

81 L.L. Besser and S. Oishi, 'The psychologically rich life' in *Philosophical Psychology*, 33 (8), 1053–1071 (2020).

82 P. Dalby, 'Is there a process of spiritual change or development associated with ageing? A critical review of research' in *Aging and Mental Health*, 10 (1), 4–12 (2006).

83 A. Zubko, *Treasury of spiritual wisdom* (Blue Dove Foundation, 1998), p. 338.

84 H. Lavretsky, 'Spirituality and aging' in *Aging Health*, 6 (6), 749–769 (2010).

85 L. Tornstam, 'Maturing into gerotranscendence' in *The Journal of Transpersonal Psychology*, 43 (2), 166–180 (2011), p. 168.

86 L. Tornstam, 'Maturing into gerotranscendence' in *The Journal of*

Transpersonal Psychology, 43 (2), 166–180 (2011).

87 See L. Tornstam, 'Maturing into gerotranscendence' in *The Journal of Transpersonal Psychology*, 43 (2), 166–180 (2011), p. 172.

88 B.R. Levy, M.D. Slade, S.R. Kunkel and S.V. Kasl, 'Longevity increased by positive self-perceptions of aging' in *Journal of Personality and Social Psychology*, 83 (2), 261–270 (2002).

89 B. Levy, *Breaking the age code: How your beliefs about aging determine how long and well you live* (HarperCollins, 2022).

90 J.E. Graham, L.M. Christian and J.K. Kiecolt-Glaser, 'Stress, age, and immune function: Toward a lifespan approach' in *Journal of Behavioral Medicine*, 29 (4), 389–400 (2006).

91 如果你不相信我，請閱讀曾獲得諾貝爾經濟學獎的心理學家丹尼爾·康納曼（Daniel Kahneman）的著作：《快思慢想》（*Thinking fast and slow*）。

92 可參見以下資料：B. Fredrickson, *Positivity: Groundbreaking research reveals how to embrace the hidden strength of positive emotions, overcome negativity, and thrive* (Crown Publishers, 2009).

93 B. Levy, *Breaking the age code: How your beliefs about aging determine how long and well you live* (HarperCollins, 2022).

94 可參見以下資料：L.L. Carstensen, M. Pasupathi, U. Mayr and J.R. Nesselroade, 'Emotional experience in everyday life across the adult life span' in *Journal of Personality and Social Psychology*, 79 (4), 644–655 (2000); V. Orgeta, 'Specificity of age differences in emotion regulation' in *Aging & Mental Health*, 13 (6), 818– 826 (2009); F. Blanchard-Fields, R. Stein and T.L. Watson, 'Age differences in emotion-regulation strategies in handling everyday problems' in *The Journals of Gerontology: Series B Psychological Sciences and Social Sciences*, 59 (6), P261–P269 (2004).

95 J.L. Horn and R.B. Cattell, 'Age differences in fluid and crystallized intelligence' in *Acta Psychologica*, 26, 107–129 (1967).

96 R.B. Zajonc, 'Attitudinal effects of mere exposure' in *Journal of Personality and Social Psychology*, 9 (2, Pt. 2), 1–27 (1968).

97 A.E. Reed and L.L. Carstensen, 'The theory behind the age-related positivity effect' in *Frontiers in Psychology*, 3: 339 (2012).

98 E.D. Tifft, S. Underwood, M.Z. Roberts and J.P. Forsyth, 'Using meditation in a control vs. acceptance context: A preliminary evaluation of relations with anxiety, depression, and indices of well-being' in *Journal of Clinical Psychology*, 78 (7), 1407–1421 (2022).

99 可參見以下資料：T.B. Kashdan, V. Barrios, J.P. Forsyth and M.F. Steger, 'Experiential avoidance as a generalized psychological vulnerability: Comparisons with coping and emotion regulation strategies' in *Behaviour Research and Therapy*, 44 (9), 1301–1320 (2006); A.J. Shallcross, A.S. Troy, M. Boland and I.B. Mauss, 'Let it be: Accepting negative emotional experiences predicts decreased negative affect and depressive symptoms'

in *Behaviour Research and Therapy*, 48 (9), 921–929 (2010); M.M. Linehan, K.A. Comtois, A.M. Murray, M.Z. Brown, R.J. Gallop, H.L. Heard and N. Lindenboim, 'Two-year randomized trial and follow-up of dialectical behavior therapy vs therapy by experts for suicidal behaviors and borderline personality disorder' in *Archives of General Psychiatry*, 63 (7), 757–766 (2006); S.H. Ma and J.D. Teasdale, 'Mindfulness-based cognitive therapy for depression: Replication and exploration of differential relapse prevention effects' in *Journal of Consulting and Clinical Psychology*, 72 (1), 31– 40 (2004); M.P. Twohig, S.C. Hayes, J.C. Plumb, L.D. Pruitt, A.B. Collins, H. Hazlett-Stevens and M.R. Woidneck, 'A randomized clinical trial of acceptance and commitment therapy versus progressive relaxation training for obsessive compulsive disorder' in *Journal of Consulting and Clinical Psychology*, 78 (5), 705–716 (2010); L. Campbell-Sills, D.H. Barlow, T.A. Brown and S.G. Hofmann, 'Effects of suppression and acceptance on emotional responses of individuals with anxiety and mood disorders' in *Behaviour Research and Therapy*, 44 (9), 1251–1263 (2006); S.G.

Hofmann, S.S. Heering and A. Asnaani, 'How to handle anxiety: The effects of reappraisal, acceptance, and suppression strategies on anxious arousal' in *Behaviour Research and Therapy*, 47 (5), 389–394 (2009); L. Campbell-Sills, D.H. Barlow, T.A. Brown and S.G. Hofmann, 'Acceptability and suppression of negative emotion in anxiety and mood disorders' in *Emotion*, 6 (4), 587–595 (2006).

100 A.J. Shallcross, B.Q. Ford, V.A. Floerke and I.B. Mauss, 'Getting better with age: The relationship between age, acceptance, and negative affect' in *Journal of Personality and Social Psychology*, 104 (4), 734–749 (2013).

101 R. Duncan, R. Francis, J. Collerton, K. Davies, C. Jagger, A. Kingston, T. Kirkwood, L. Robinson and F. Birrell, 'Prevalence of arthritis and joint pain in the oldest old: Findings from the Newcastle 85+ study' in *Age and Ageing*, 40 (6), 752–755 (2011).

102 A. Abdulla, N. Adams, M. Bone, A.M. Elliott, J. Gaffin, D. Jones, R.

Knaggs, D. Martin, L. Sampson and P. Schofield, 'Guidance on the management of pain in older people' in *Age and Ageing*, 42 (Suppl. 1), i1–i57 (2013).

103 *Mindfulness meditation reduces pain by separating it from the self*, Science Daily (8 July 2022). Available from: www.sciencedaily. com/releases/2022/07/220708162754.htm

104 A. Steptoe, N. Owen, S.R. Kunz-Ebrecht and L. Brydon, 'Loneliness and neuroendocrine, cardiovascular, and inflammatory stress responses in middle-aged men and women' in *Psychoneuroendocrinology*, 29 (5), 593–611 (2004).

105 D. Umberson and J.K. Montez, 'Social relationships and health: A flashpoint for health policy' in *Journal of Health and Social Behavior*, 51 (Suppl.), S54–S66 (2010).

106 J. Holt-Lunstad, T.B. Smith and J.B. Layton, 'Social relationships and

mortality risk: A meta-analytic review' in *PLoS Medicine*, 7 (7): e1000316 (2010).

107 N.R. Longrich, *The origin and evolution of love*, Britannica. Available from: www.britannica.com/story/the-origin-and-evolution-oflove

108 K. Floyd, 'Relational and health correlates of affection deprivation' in *Western Journal of Communication*, 78 (4), 383–403 (2014).

109 H. Tajfel, J.C. Turner, W.G. Austin and S. Worchel, 'An integrative theory of intergroup conflict' in M.J. Hatch and M. Schultz (eds) *Organizational Identity: A Reader* (Oxford University Press, 2004), pp. 56–65.

110 *Gender ratio in the world*, Statistics Times (26 August 2021). Available from https://statisticstimes.com/demographics/world- sex-ratio.php

111 有一些研究發現了「同情心」和「幸福感」之間有明顯的關聯。請參見以下資料：C. Schwartz, J. Bell Meisenhelder, Y. Ma and G. Reed, 'Altruistic social interest behaviors are associated with better mental health' in

Psychosomatic Medicine, 6 (5) 778–785 (2003); S.D. Pressman, T.L. Kraft and M.P. Cross, 'It's good to do good and receive good: The impact of a "pay it forward" style kindness intervention on giver and receiver well- being' in *Journal of Positive Psychology*, 10 (4), 293–302 (2014); S. Post, 'Altruism, happiness, and health: It's good to be good' in *International Journal of Behavioral Medicine*, 12 (2), 66–7 (2005).

112 B.L. Fredrickson, *Love 2.0: Finding happiness and health in moments of connection* (Plume, 2013).

113 L. Brown, J.C. Huffman and C. Bryant, 'Self compassionate aging: A systematic review' in *The Gerontologist*, 59 (4): e311e324 (2018). Other studies can be found on Kristin Neff's website (https://self-compassion.org/the-research/#areaofstudy).

114 U. Zessin, O. Dickhäuser and S. Garbade, 'The relationship between self-compassion and well-being: A meta-analysis' in *Applied Psychology: Health and Well-Being*, 7 (3), 340–364 (2015).

115 D. Surkalim, 'The prevalence of loneliness across 113 countries: Systematic review and meta-analysis' in *BMJ*, 376: e067068 (2022).

116 WHO, *Social isolation and loneliness among older people: Advocacy brief* (WHO, 2021). Available from: www.who.int/publications/i/item/9789240030749

117 E.W. Dunn, L.B. Aknin and M.I. Norton, 'Prosocial spending and happiness: Using money to benefit others pays off' in *Current Directions in Psychological Science*, 23 (1), 41–47 (2014).

118 S. Post and J. Niemark, *Why good things happen to good people* (Broadway Books, 2007).

119 B. Simpson and R. Willer, 'Beyond altruism: Sociological foundations of cooperation and prosocial behavior' in *Annual Review of Sociology*, 41, 43–63 (2015).

120 G.K. Saini, S.B. Haseeb, Z. Taghi-Zada and J.Y. Ng, 'The effects of

meditation on individuals facing loneliness: A scoping review' in *BMC Psychology*, 9: 88 (2021).

121 P. Baltes and M. Baltes, 'Psychological perspectives on successful aging: The model of selective optimization with compensation' in P. Baltes and M. Baltes (eds) *Successful Aging: Perspectives from the Behavioral Sciences* (Cambridge University Press, 1990), pp. 1–34.

122 A.M. Freund and P.B. Baltes, 'Selection, optimization, and compensation as strategies of life management: Correlations with subjective indicators of successful aging' in *Psychology and Aging*, 13 (4), 531–543 (1998); M.C. Janke, J.S. Son and L.L. Payne, 'Self-regulation and adaptation of leisure activities among adults with arthritis' in *Activities, Adaptation & Aging*, 33 (2), 65–80 (2009); D. Jopp and J. Smith, 'Resources and life-management strategies as determinants of successful aging: On the protective effect of selection, optimization, and compensation' in *Psychology and Aging*, 21 (2), 253–265 (2006).

123 A.M. Freund, 'Age-differential motivational consequences of optimization versus compensation focus in younger and older adults' in *Psychology and Aging*, 21 (2), 240–252 (2006).

124 H.J. Klug and G.W. Maier, 'Linking goal progress and subjective well-being: A meta-analysis' in *Journal of Happiness Studies*, 16 (1), 37–65 (2015).

125 例如，年長的工作者不太可能獲得面試、雇用、培訓或晉升的機會。參見 R.A. Posthuma and M.A. Campion, 'Age stereotypes in the workplace: Common stereotypes, moderators, and future research directions' in *Journal of Management*, 35 (1), 158–188 (2009).

126 C.R. Snyder, *The psychology of hope: You can get there from here* (Free Press, 1994).

127 自我效能（Self-efficacy）是由心理學家亞伯特．班杜拉（Albert Bandura）所提出的。參見 A. Bandura, 'Self-efficacy: Toward a unifying theory of behavioral change' in *Psychological Review*, 84 (2), 191–215

(1977). 128 D. Grembowski, D. Patrick, P. Diehr, M. Durham, S. Beresford, E. Kay and J. Hecht, 'Self-efficacy and health behavior among older adults' in *Journal of Health and Social Behavior*, 34 (2), 89–104 (1993).

129 T. Kostka and V. Jachimowicz, 'Relationship of quality of life to dispositional optimism, health locus of control and self-efficacy in older subjects living in different environments' in *Quality of Life Research*, 19 (3), 351–361 (2010).

130 J.W. Moore, 'What is the sense of agency and why does it matter?' in *Frontiers in Psychology*, 7: 1272 (2016).

131 J. Mirowsky, 'Age and the sense of control' in *Social Psychology Quarterly*, 58 (1), 31–43 (1995).

132 R. Marks, J.P. Allegrante and K. Lorig, 'A review and synthesis of research evidence for self-efficacy-enhancing interventions for reducing chronic disability: Implications for health education practice (part I)' in *Health Promotion Practice*, 6 (1), 37–43 (2005).

133 See, for instance: W.J. Rejeski, 'Mindfulness: Reconnecting the body and mind in geriatric medicine and gerontology' in *Gerontologist*, 48 (2), 135–141 (2008); M. Scult, V. Haime, J. Jacquart, J. Takahashi, B. Moscowitz, A. Webster, J.W. Denninger and D.H. Mehta, 'A healthy aging program for older adults: Effects on self-efficacy and morale' in *Advances in Mind-Body Medicine*, 29 (1), 26–33 (2015).

134 V.E. Frankl, *Man's search for meaning* (Pocket Books, 1997).

135 S.L. Hutchinson and G. Nimrod, 'Leisure as a resource for successful aging by older adults with chronic health conditions' in *International Journal of Aging & Human Development*, 74 (1), 41–65 (2012).

正念老化

擺脫年齡焦慮，提早開始練習！透過覺察適應，愈老愈快樂

Ageing Upwards: A mindfulness-based framework for the longevity revolution

作　　者　貝莉特・路易斯（Berit Lewis）
譯　　者　王敏雯
特約編輯　洪禎璐
封面設計　FE設計
內頁排版　江麗姿
業務發行　王綬晨、邱紹溢、劉文雅
行銷企劃　黃羿潔
資深主編　曾曉玲
總 編 輯　蘇拾平
發 行 人　蘇拾平

出　　版　啟動文化
Email：onbooks@andbooks.com.tw
發　　行　大雁出版基地
新北市新店區北新路三段207-3號5樓
電話：(02)8913-1005　傳真：(02)8913-1056
Email：andbooks@andbooks.com.tw
劃撥帳號：19983379
戶名：大雁文化事業股份有限公司

初版一刷　2025年2月
定　　價　580元
I S B N　978-986-493-203-0
E I S B N　978-986-493-202-3 (EPUB)

正念老化：擺脫年齡焦慮，提早開始練習！透過覺察適應，愈老愈快樂 / 貝莉特．路易斯 (Berit Lewis) 著；王敏雯譯．-- 初版．-- 新北市：啟動文化出版：大雁出版基地發行，2025.02

面；　公分．

譯自：Ageing Upwards : A mindfulness-based framework for the longevity revolution

ISBN 978-986-493-203-0(平裝)

1. 老年心理學 2. 老化

173.5　　113019633